原著新版
Revised Edition

Talking with Patients
A Self Psychological View of Creative Intuition and Analytic Discipline

与病人谈话
自体心理学视角下的创造性直觉和分析准则

[美] 桑福德·夏皮罗（Sanford Shapiro）/ 著
吉 莉 / 译

中国轻工业出版社

图书在版编目（CIP）数据

与病人谈话：自体心理学视角下的创造性直觉和分析准则 /（美）桑福德·夏皮罗（Sanford Shapiro）著；吉莉译. —北京：中国轻工业出版社，2023.3（2025.2重印）
ISBN 978-7-5184-4209-6

Ⅰ. ①与… Ⅱ. ①桑… ②吉… Ⅲ. ①心理学-研究 Ⅳ. ①B84

中国版本图书馆CIP数据核字（2022）第231771号

版权声明

Talking with Patients: A Self Psychological View of Creative Intuition and Analytic Discipline (Revised Edition) By Sanford Shapiro
Copyright © 2008 by Sanford Shapiro
All rights reserved.
Published by Rowman & Littlefield Publishing Group through the Chinese Connection Agency, a division of Beijing XinGuangCanLan ShuKan Distribution Company Ltd., a.k.a Sino-Star.

保留所有权利。非经中国轻工业出版社"万千心理"书面授权，任何人不得以任何方式（包括但不限于电子、机械、手工或其他尚未被发明或应用的技术手段）复印、拍照、扫描、录音、朗读、存储、发表本书中任何部分或本书全部内容（包括但不限于光盘、音频、视频等）。中国轻工业出版社"万千心理"未授权任何机构提供源自本书内容的电子文件阅览、收听或下载服务。如有此类非法行为，查实必究。

责任编辑：刘　雅　　　　责任终审：张乃柬
文字编辑：王雅琦　　　　责任校对：刘志颖
策划编辑：阎　兰　　　　责任监印：吴维斌

出版发行：中国轻工业出版社（北京鲁谷东街5号，邮编：100040）
印　　刷：三河市鑫金马印装有限公司
经　　销：各地新华书店
版　　次：2025年2月第1版第3次印刷
开　　本：710×1000　1/16　印张：10.25
字　　数：100千字
书　　号：ISBN 978-7-5184-4209-6　定价：42.00元
读者热线：010-65181109
发行电话：010-85119832　010-85119912
网　　址：http://www.chlip.com.cn　http://www.wqedu.com
电子信箱：1012305542@qq.com
如发现图书残缺请拨打读者热线联系调换
250008Y2C103ZYW

推 荐 序

在阅读桑迪（Sandy）博士这部著作到一半时，我立刻觉得要尽力向国内精神分析取向的同行推荐，因为这真正是一部近年来少有又优秀的精神分析临床经典之作。在这部著作中，桑迪博士真诚勇敢地还原了临床工作中各个方面的困难，包括自己在临床工作中遭遇的难题以及与来访者的共同挣扎、突破、思考，也分享了治疗与转化的临床实践经验，这给我留下深刻的印象。很少有著作能够如此贴近咨询师和来访者，启发精神分析临床工作实践。所以我立即写信给桑迪博士，自告奋勇，希望能够为这部著作写推荐序。桑迪博士也马上回信表示欢迎。我感到十分荣幸，能够给大家推荐这样一位精神分析前辈、老师、督导及其重要著作。

桑迪博士本名为桑福德·夏皮罗（Sanford Shapiro, M. D.），但大家习惯称他桑迪。他目前生活在美国加利福尼亚州，已经89岁高龄了。2017年在国际自体心理学学会的交流中，当时的执行主席哈格曼（Heinz Hartmann）介绍我认识了几位国际自体心理学学会的重要讲师，桑迪博士就是其中之一。我注意到桑迪博士在临床教学的介绍中对非语言过程十分关注，而我当时也十分关注波士顿小组的非语言过程研究。这让我后来联系了身在加利福尼亚的他，并自此开始了合作。我邀请他给我在中国组织的现代自体心理学项目的学生教授了数个学期的课程，也持续多年组织和参加了他的团体督导。一开始，我没意识到他是德高望重的精神分析家，后来才渐渐发现他在精神医学和精神分析临床工作上已经有六十多年经验，这足以让所有心理咨询师和治疗师肃然起敬。他六十多年的临床经验不是以独断封闭的方式展开的，而是秉持着开放的探索精神和谦虚的学习方式，这令我印象深刻。桑迪博士在给我的一群学生督导时，谈到临床工作其实存在一种韵律，有时候我们需要听从这种韵律带来的直觉。在另一次讨论中，他又提及临床工作虽然有许多细节要注意，但更重要的是抓住要害，等等。我意识到这些都是临床工作的关键，也吸引了我继续参加他之后的督导。

在桑迪博士接受精神分析的早期，他的分析师是受训于弗洛伊德弟子海伦娜·多伊奇（Helena Deutch）的精神分析师诺维尔拉马尔（Norvelle La Mar），这代表着桑迪博士在精神分析传承上是弗洛伊德派系的第四辈。虽然他在诺维尔拉马尔那里没有完成相应时长（诺维尔拉马尔后来因病去世了），但是他认为，"虽然诺维尔拉马尔是经典精神分析取向的，但他为人热情，风度翩翩，我受益良多。"

后来，桑迪博士遇到了对他临床工作产生了重要影响的分析家伯纳德·布兰德查夫特（Bernard Brandchaft）。中国的读者可能并不熟悉此人，他是自体心理学及主体间学派传承中很重要的一分子，以《走向解放的精神分析：布兰德查夫特的主体间性视角》（*Toward An Emancipatory Psychoanalysis: Brandchaft's Intersubjective Vision*）一书闻名。布兰德查夫特是临床精神分析工作的积极探索者，他曾经为了理解精神分析中的困难治疗过程——包括负性治疗反应——专门前往英国与克莱因学派著名的分析家赫伯特·罗森菲尔德（Herbert Rosenfeld）、海曼（Paula Heimann）和比昂（Wilfred Bion）等接触和学习，也和中间学派的温尼科特（Donald Winnicott）和巴林特（Michael Balint）有交流，但这只解决了他的部分困惑。在结束学习回美国后，布兰德查夫特发现了科胡特（Heinz Kohut）提出的自体心理学理论，特别是共情-内省的工作方式，这很大程度上启发了他的临床思考。在结识科胡特后，布兰德查夫特持续参加在芝加哥举行的自体心理学的督导讨论会，后来又认识了主体间理论最重要的贡献者史托罗楼（Robert Stolorow），他们共同发展了主体间学派的临床双向理论，并各自发展了重要的病理性适应理论。桑迪博士在布兰德查夫特的启发下吸收了自体心理学共情-内省的工作理论，同时也注意到临床过程中的主体间性，这让他的临床工作有了重要进展和全新领悟。同时桑迪博士还受到韦斯（Brian Weiss）、桑普森（Harold Sampson）和锡安山心理治疗研究小组发表的控制掌握理论（Control Mastery theory）相关论文的深刻影响，特别是《精神分析过程：理论、临床观察和实证研究》（The Psychoanalytic Process: Theory, Clinical Observation and Empirical Research, 1986），以及波士顿小组的临床非语言过程等。我个人觉得桑迪博士亲身经历了多个精神分析理论发展阶段的探索，其临床工作也是当代北美关系性精神分析中具有代表性的呈现。

桑迪博士经历了六十多年的精神分析和精神医学学习实践，最终凝聚成这部聚焦一线工作的临床著作。桑迪博士在著作中提及，就像桑德勒所提示的，精神分析师、心理治疗师和咨询师都依从着同行评议下的标准公共理论，以及关起门来与来访者工作时的私下理论。桑迪博士在精神分析临床实践展示中呈现了真诚一致地面对自己和来访者的一切，也呈现了跨越公共理论和私下理论的边界去投入的体验及转化来访者疾苦的努力。桑迪博士曾经和我分享过一个案例：他接待过一位华裔来访者，这位来访者想离异而不得。在临床工作过程中，桑迪博士尝试从多方面理解来访者，但是一直遇到阻碍。桑迪博士意识到自己可能对中国文化理解不足，于是找了一位比自己资历浅得多的华裔心理治疗师作为督导，从而终于慢慢理解了来访者的内心——原来来访者希望安排好妻子离异之后的生活，这样他才能够真正放下。在桑迪博士的努力下，来访者感受到自己被深刻理解了，并最终和平地结束婚姻。

我们或许觉得资深的督导就不需要再被督导了，但桑迪博士呈现了作为临床工作者人性的面向——真正为病人着想，放下资历等执念。我想以这篇推荐序向老一辈精神分析家致敬。我及一些同道、学生在与桑迪博士多年的交往中，深切感受到他在待人接物上的谦虚和友好，不论有什么问题需要请教，他都会尽快给予热情回应。

桑迪博士曾经是美国圣地亚哥精神分析学院的主席，也是加利福尼亚州精神分析学院的联合主席之一。他同时还是国际精神分析学会的会员、国际精神分析自体心理学协会理事会的委员及美国精神病学协会杰出终身会员等。在2019年新型冠状病毒感染疫情暴发之前，我曾经联系桑迪博士来华做讲座，很遗憾他最终未能成行。现在其著作得以翻译出版，也是一种补偿和慰藉。

最后，我想向国内精神分析取向的同行和临床心理工作者认真推荐这本著作，我们可以通过它学习和借鉴精神分析前辈六十多年临床工作探索出的经验和智慧，提高自己的理论和临床实践能力。

徐钧

2022年6月14日于上海

中文版序言

弗洛伊德告诉我们,在面对被禁止的性和攻击性冲动时,病人会想要防御。治疗师需要面对这些阻抗,解释其防御,病人则常常因此感到羞耻。

科胡特告诉我们,病人有动力去成长和发展。性和攻击性冲动不是正常发展的一部分,而是对创伤的反应。在这个理论模型中,治疗师要努力理解病人是如何在创伤中挣扎求生的,这有助于病人恢复发展受阻的阶段。

《与病人谈话:自体心理学视角下的创造性直觉和分析准则》(*Talking with Patients: A Self Psychological View of Creative Intuition and Analytic Discipline*)修订本出版十几年来,自体心理学在中国生根发芽,蓬勃发展。科胡特的共情-内省研究模型的应用彻底改变了我们倾听病人的方式。

病人现在感觉自己被更好地理解了,治疗僵局也很快得到了解决。当治疗师带着更多的理解去倾听时,他们的邀请变得更容易——治疗师和病人都做得更好了。

桑福德·夏皮罗

目　　录

第一章　两个理论的故事 ·· 1
第二章　理论的作用 ·· 11
第三章　精神分析的角色 ·· 17
第四章　倾听病人 ·· 23
第五章　技术指导 ·· 35
第六章　阻抗 ·· 47
第七章　控制掌握理论 ·· 55
第八章　与绝望联结 ··· 63
第九章　幸存的代价 ··· 73
第十章　毫无悲悯的病人 ··· 85
第十一章　和病人在一起 ··· 97
第十二章　伴侣治疗 ··· 105
第十三章　梦的工作 ··· 115
第十四章　督导 ··· 127
第十五章　风险和回报 ·· 139
参考文献 ··· 149

第一章　两个理论的故事

> 艺术的精确以直觉为翅膀。
>
> ——保罗·克利（Paul Klee）*

精神分析和艺术一样，需要精湛的技术和直觉。我的老师们很保守，他们教我技术，但是对我还不够信任，不鼓励我使用自己的直觉，担心我"野蛮分析"（Wild analysis）。"野蛮分析"这个术语是弗洛伊德提出的，他担心技术存在错误，而缺乏经验的分析师的糟糕分析会"对病人带来危害……这是'野蛮的精神分析'实践中固有的……"（Freud, 1910）。对野蛮分析的担忧导致了对规则的依赖，阻碍了个体自发性的产生，并且压抑了直觉。

《兰登书屋足本词典》（Random House Unabridged Dictionary）将"直觉"定义为"即时的理解"——独立于任何推理过程的感知。换句话说，直觉指一种潜意识的创造性活动。直觉敏锐的分析师利用他们的情感体验来增进理解，用直觉作为他们诠释的信息来源。我的老师们会在实践中使用直觉，但这是我花了很多年才意识到的。我以为是公式和规则让他们走上正轨的——

---

* 保罗·克利（1879—1940）出生于瑞士艺术世家，父亲是德国人，母亲是瑞士人。其画作以油画、版画、水彩画为主。——译者注

他们总是知道该期待些什么，该说什么，不该说什么。当时的我相信，只要我学会了规则，就会知道"正确"的做法，从而避免"错误"的方式。我当时并没有意识到，那些我没有做的事情会和我做的事情一样产生很大的影响。

现在的我相信，精神分析教育与实践的主要挑战，在于要在分析的纪律性和创造性的直觉之间取得平衡。霍夫曼（Hoffman, 1994）说，在自发的自我表达和分析的仪式之间总是存在着一种动态关系、一种辩证法。我相信，传统理论和当代精神分析之间的张力很大程度上在于如何保持这种平衡。

传 统 理 论

经典精神分析教育的保守本质鼓励"恰当"的分析技术，并压抑自发性。我第一堂学习如何做到"恰当"的课发生在1959年，那是我在底特律接受医学院精神科住院实习训练的第一年。我沉浸在诊断评估、处理精神科急诊病例和药物管理中，并且在那里开始了第一个心理治疗个案——一个患有抑郁症、婚姻出现问题的年轻女性。令我感到高兴的是，我的督导是精神分析师弗兰克·帕斯尔斯（Frank Parcells），他是一位睿智、和善的人，在业界享有盛誉。

我为第一次督导会议准备了详细的过程笔记，描述了病人如何走进咨询室，如何对我说："你好，你过得好吗？"，也描述了我如何回答"我很好，你呢？"帕斯尔斯打断了我的报告，问道："你为什么这么说？""嗯……"我说，"这样说似乎比较自然。"帕斯尔斯委婉地解释道，如果是在社交场合这样说话确实很自然，但这是治疗室。就这样，我学会了"恰当的技巧"的第一条规则。因为是经典精神分析，我后来学到的每一条规则都对我起到了某种束缚作用，导致我的工作风格越来越僵硬。我的同事们也一样感到受拘束。这种僵化的风格一直持续到科胡特的时代，精神分析从那时起发生了变化，分析师们开始更认真地对待病人了。

对谨慎和规则的依赖是从弗洛伊德对分析师们的警告开始的:"医生对病人应该是不透明的,就像是一面镜子,除了看到自己,任何其他东西都不要被看到"(Freud, 1912)。分析师"在进行精神分析治疗时,应当模仿外科医生的做法,把自己所有感受——甚至共情——都暂时搁置……"。其他"规则"建议分析师们不要"跟随自己的期望或倾向"(1912),或者让病人"对某个亲密的朋友""泄露出"他们的资料(1913)。

弗洛伊德用技术上的规则来处理政治问题。早期的追随者们并没有遵循弗洛伊德的理论,如阿德勒,斯特克尔(Stekel)和荣格。尽管弗洛伊德很确信自己会在工作中采用自发的方式——当"鼠人"饿的时候,他会给"鼠人"吃东西;当"狼人"在财务上遇到困难的时候,他为"狼人"组织财务支持;但是他不相信他的学生,也没有为自发性或如何使用直觉写下什么指导原则。所以从最开始,就是由弗洛伊德来决定什么样的分析是正确的,什么样的分析是不正确的。

他的去世让我们失去了一个权威,而对"恰当的分析"进行定义的工作就转移到了他的作品里,并由精神分析组织机构出面加以解释。安全起见,许多老师会教学生规则,而不教授他们自己的实践经验。桑德勒(Sandler, 1983)指出,许多分析师因为担心被同道和学生视为是"不恰当"的,隐瞒了自己在治疗实践中的做法。桑德勒在区分公共理论(public theory)和私下理论(private theory)时说道:

> 许多分析师认为自己做的分析"不恰当"……他们在咨询室里做的工作是"不合规的",如果被同道们知道,他们会被批评……所有称职的分析师都会根据与病人的互动来做出调整,以适应特定病人的需要。他会修正自己的做法,以让分析工作尽可能向好的方向

发展。我相信分析师们在工作中所做的许多调整，包括所谓的参数调整，往往会带来对病人所提供的材料更好的、更合适的个人前意识理论，这种私下理论往往比分析师在意识层面采用的公共理论更适合。

桑德勒在这里所表达的是，分析师们对自己的工作很满意，但不愿意与同道和学生们分享他们的工作成果，因为担心自己直觉性的创造力会遭到批评。

自体心理学

自体心理学为分析互动带来了新的理解，帮助分析师们从规则的束缚中解放出来，帮助他们理解自己通过直觉获得的觉察，理解自己在私人执业中的做法。我曾以为我的工作是要成为一名专家，理解、解读病人的行为，并向他们做出诠释——帮助他们克服阻抗，用我的方式来看待问题。我被教导要怀疑病人的动机，这让我很有负担。自体心理学教会我相信病人的动机，并从他们的角度来看待其问题的价值，这让我从负担感中解脱出来。在这里，我想引用一段我最喜欢的科胡特（1984）的话：

> 如果说我在分析师生涯中学到了一个教训，那就是"病人告诉我的话很可能是真的"。很多时候我相信自己是对的，病人是错的，经过漫长探索之后，我常常才意识到自己的正确是肤浅的，而他们的正确是深刻的。

人们对自体心理学有一个常见误解——理解一个人的经历就意味着你同

意或者纵容他所做的事，但我渐渐认识到，理解病人的经历并不意味着我必须放弃自己的观点。有了自体心理学之后，现在的我就有了一个理论框架，在这个框架下，我既可以教学生们创造性直觉，又可以教他们分析技术。

有一个案例可以说明自体心理学是如何影响我的治疗技巧的。安娜（Anna）是一位成功的35岁职业女性，她前来接受精神分析是因为找不到一个可以长久相爱的男性，她为此十分沮丧。安娜当时在和阿特（Art）恋爱，两人一起生活。虽然他们非常关心彼此，但就是无法停止争吵。安娜觉得阿特总试图控制她，阿特生气时会对她说些很残忍的话。安娜的反应要么是暴怒——想伤害他，要么是无可奈何——想离开他。在这个过程中，她如果不贬低阿特，就无法坚定地表达自己的主张。

在分析中，导致安娜处于这样的困境中的大部分原因慢慢清晰起来：她有一个虐待、猥亵她的哥哥，一个批评、指责她的母亲，以及一个和她十分疏远的父亲。她很早就学会了隔离和否认痛苦的体验。当她在阿特面前感到脆弱时，她就会与他保持距离；当她感到被愤怒淹没时，她就会猛烈地攻击他；当她感到和我在一起是很安全的，她开始回忆起以前被拒绝、感到受伤、羞辱和羞耻的经历。

她获得了一种新的自信，职业生涯也更加成功。然而，尽管她和阿特变得更加亲密了，斗争仍在继续。比如，如果阿特说了一些伤人的话，她就会觉得被背叛和伤害了，进而爆发出对对方的羞辱责难。

在那个阶段，我还在用传统的工作模式进行治疗，我觉得自己的工作就是要指出她对自己的这些困境做了什么样的贡献。我认为如果她能以一种理性的方式面对阿特，而不是去羞辱他；如果她能坚持自己的立场，而不是先逃跑、再退缩，那么他们的争吵就能得到解决。我的理论是，她过去的感受被置换到了阿特身上，因为她拒绝在移情关系中对我愤怒，所以阿特就成了她愤怒的对象——而不是我。她的阻抗来自内心的压力，与我这个中立的旁观者无关。我的这番对她内在愿望的诠释毫无帮助，她越来越气馁，我也一样。

我读过科胡特的一些论文，但并不明白如何将他的思路应用在临床工作中。直到来自洛杉矶的天才教师伯纳德·布兰德沙夫特（Bernard Brandchaft）在圣地亚哥做了一系列关于自体心理学的讲座。他解释了科胡特的想法，并展示了如何在临床上应用它们。我立刻想到了安娜，并意识到我一直在试图让她从我的角度理解正在发生的事情，而不是试着从她的角度来理解。我的诠释让她感到压力和批评，也让她在我这儿不再感到安全。她并没有阻抗自己的感受，只是在用一种我无法理解的方式保护着自己。

我也意识到了一直以来我并不信任她，我过于努力地在"帮助"她，却没有真正地听她说话。布兰德沙夫特解释说，我需要停下以自己的角度为中心的做法，试着以她的体验为中心来看待事情，包括看一看我对她的体验的贡献。

我一直以来都不太愿意这样做，我认为如果去理解她有多么受害、无助和脆弱，就是在纵容她的这种态度，而不是鼓励她承担起责任。如果我不向她指出她在两个人的冲突中做了什么样的贡献，不指出她的这些做法是如何源自潜意识的愿望，那么我就没有称职地完成工作。布兰德沙夫特指出，理解她的视角并不意味着认同或赞成她，如果我不能从她的视角出发理解她的体验，那么她也不可能理解我的视角。

我也没有意识到保持一个**倾听视角**（listening perspective）（Schwaber 1981，1983b）的重要性。奥恩斯坦（Ornstein & Ornstein，1985）指出："对病人的理解……作为精神分析中一种具体而必要的干预手段……要么被视为理所当然，要么被严重低估……"。有些病人需要经过很长一段时间的倾听，体验到自己的感受被另一个人理解了，才能够吸收诠释。很多力量和自信来自别人以一种理解的方式去倾听。现在我在安娜面前可以放松下来了，耐心地倾听她的抱怨、挫折和沮丧。我没有试着诠释或"修复"她的痛苦，我的评论仅限于理解她感到多么沮丧、多么泄气。当我和她一起去体会那些痛苦的经历时，她的沮丧逐渐发展为绝望和无望。虽然我没有感到绝望，但我明白她感受到的绝望是多么痛苦。我发自内心地告诉她，我很感谢她能和我分享这些痛苦的感受。

对于我说的话，她的反应是感觉更安全了，并且想起了一些新的记忆——那些被她哥哥猥亵和虐待的往事。她回忆道，如果她拒绝做哥哥想让她做的事情，他就会用手捂住她的嘴和鼻子，让她窒息，当她快要晕过去时再放开。她很害怕，只能照哥哥说的做。令这个创伤雪上加霜的是，当时她的父母不在他们身边，而且父母都不能容忍她有任何控诉。她必须把感受藏在心里，把一切恐惧、绝望的体验都封闭起来。这些感受在她与阿特及与我的关系中重新出现。对安娜来说，能够和我一起面对并谈论这些感受是一种整合性的体验。她变得更加坚强，恢复了信心，与阿特的关系也改善了。

我试图解释她的问题、"修复"她的痛苦，但却阻断了她正在涌现的情绪，并在无意中向她传达了这样的信息——我和她的父母一样不想听到她的抱怨。我在不知不觉中和她一起再现了那段痛苦的经历。当我放松下来，我开始信任她、信任分析过程，也信任我自己。我不再那么担心，也不再僵化地遵守设置，而是更自然、自发地做出反应。我感到很高兴，没有羞愧、没有歉意，我可以真诚地因为她与我分享了她的痛苦而向她表达感激。

关系性精神分析

在职业生涯早期，我读过一项研究，研究中的一组抑郁症病人被分派给富有共情的家庭主妇进行对话交流，另一组病人被分派给第一年在精神科工作的住院医生进行治疗。研究结果表明，与家庭主妇进行交谈的那一组病人的治疗结果更好。

对于一群在位于纽约的威廉·阿兰森·怀特学院（William Alanson White

Institute）跟随哈里·斯塔克·沙利文（Harry Stack Sullivan）学习的精神分析师们来说，这样的研究结果一点都不奇怪。与弗洛伊德相反，沙利文发展了"人际精神病学"理论，即后来的"关系性精神分析"（Aron，1996），这个学派聚焦于治疗师和病人之间的关系体验。

但直到1990年，在我听到了史蒂文·米切尔（Steven Mitchell）的演讲后——他是沙利文学派的关系性精神分析师，也是这一学派理论的解释者——我才开始认识到治疗关系的重要性。那时，我自己的临床工作取向已经从弗洛伊德发展到了哈特曼和自我心理学（Ego Psychology）、克莱因、温尼科特、费尔贝恩和英国客体关系学派、科胡特和史托楼罗。当听到米切尔的演讲时，我坐直了身子、全神贯注。

在纽约的一个自体心理学大会上，史托楼罗发表了一篇论文，米切尔作为外部人士受邀参与讨论。通常外部人士对自体心理学都会有很多批评，当时的米切尔也是如此，只不过与其他评论家不同，米切尔的态度是尊重和友好的。他指出，史托楼罗的主体间性理论大量关注精神分析师的人格对病人功能的影响，但对病人的人格如何影响精神分析师的功能没有给予足够关注。史托楼罗说，他这是第一次从理解他所说的话的人那里听到批评的意见，他从米切尔那里学到了一些东西。

第二年，米切尔受邀到位于洛杉矶的当代精神分析学院（The Institute of Contemporary Psychoanalysis）报告一篇论文。这一次，史托楼罗成了那位友好的评论家，自体心理学和关系性精神分析之间持续的对话就此展开了。对我来说，这就是当代精神分析的诞生。就在那时，米切尔创办了一份新的精神分析期刊，即《精神分析对话——关系视角》（Psychoanalytic Dialogues—A Journal of Relational Perspectives）。他的文章《对自体的当代观点：走向一种整合》（Contemporary Perspectives on Self: Toward an Integration，1991）表明，哈里·斯塔克·沙利文和海因茨·科胡特的观点有重合之处。

从那时起，自体心理学家开始吸收关系性精神分析的观点，而包括卢·艾伦（Lew Aron）、杰西卡·本杰明（Jessica Benjamin）、菲利普·布朗伯格（Phillip Bromberg）、乔迪·梅斯勒·戴维斯（Jody Messler Davies）在内的关系分析家，也吸收了自体心理学和主体间性理论的观点。每个治疗师都发展了自己的方法，将不同理论中的概念整合为自己的工作方式，这是每个治疗师独特的工作方式。整合新理念是一个终生持续的过程，这是我所知道的革故鼎新的最好方法。

内隐记忆

内隐记忆或程序记忆的概念是神经科学的贡献（Pally, 1997），它指一种未被意识到的活动，是人与人之间自动化的、未经思考的联结方式。很多心理障碍的原因都来自生命发展早期、语言习得之前的事情，它们发生在个体具备陈述性记忆或象征性记忆之前。这些早期经历被编码在内隐记忆或程序记忆中，不是弗洛伊德所说的被压抑的潜意识动力中的一部分，也无法诉诸诠释或形成洞见，只能通过关系中的行为来推断。

关系中的新体验可以改变建立关系的方式。旧的相处方式永远不会消失，但它们可以从新关系带来的新方式那里得到扩展。在治疗中，病人将用自己的"过滤器"来体验治疗师。比如，他们可能会预期来自治疗师的批评或误解，而反过来治疗师也会使用自己的"过滤器"来体验他/她与病人的关系。两人将一起磨合出一种方式，一种属于这对咨访之间独一无二的"在一起"的方式（Bacal & Herzog, 2003）。他们会慢慢发现这些新的体验具有治疗性，但是究竟要怎么去做却是无法提前预知的。

我相信分析师能够做到既自动自发，又不"野蛮"。我不再给自己巨大的压力，想要知道所有答案，想要变得更加聪明。而且，我不再认为自己是一个"空白屏幕"，可以系统性地检视自己对病人的移情体验做出了什么贡献。我更加信任彼此，我可以自由地提问，自发地做出直觉性的评论，尝试说出我的直觉，并且信任病人会纠正我的错误。这种做法的结果是，我的病人们变得更好了，我也更加喜欢自己的工作。我可以为学生们提供指导，让他们得以发展自己的直觉和创造力。

治疗师们学习治疗技巧的方式和弗洛伊德当年的做法很像——通过观察病人。他们观察什么样的做法有效，什么样的做法无效，以此来学习技巧。弗洛伊德从他所犯的错误中吸取了教训，比如从病人朵拉那里发现了移情的重要性——朵拉是个16岁的女孩，她过早地放弃并结束了分析治疗（Freud，1905）。弗洛伊德不断地从经验中学习，并对自己的理论进行相应修正。维也纳精神分析学院（Vienna Psychoanalytic Institute）的毕业生理查德·斯特巴（Richard Sterba）告诉我，当弗洛伊德（1926）宣布他更改了自己的焦虑理论时，他和同学们感觉被背叛了。"他怎么能这样对待我们？"他们抱怨道，"就在我们刚开始理解这个理论是怎么回事儿的时候，他又把一切改得乱七八糟！"

没有两个完全相同的精神分析师，每个人都有属于自己的风格。学生们努力模仿他们的导师，但又保持着自己的工作方式；导师努力向学生们展示该做什么，同时鼓励他们走自己的道路。"我们最终超越了榜样，得到自己所需要的东西，然后蜕去那层皮，成为应该成为的人"（Zinsser，1988）。

第二章　理论的作用

> 勇气：在压力之下保持优雅。
>
> ——欧内斯特·海明威（Ernest Hemingway）

与病人的谈话让我们暴露在巨大的压力之下——要在对话中理解我们所听到的内容，帮助他们，避免伤害他们。当感到那些难以理解的材料快要淹没我们的时候，我们常常会变得焦虑，而我们的焦虑如果被病人觉察到，可能会让他们感到恐惧。保持沉着冷静，甚至在感到困惑的时候依旧保持沉着冷静，就是成功的一半；成功的另一半是在情感层面与病人保持联结。

理论提供了一种结构，帮助我们组织思维、保持冷静和联结。林登（Lindon，1991）说，我们需要理论来"帮助我们组织那些毫无意义、纷杂混乱的材料，拓展我们的感知范围"。在怀疑自己的时候还要继续与病人保持联结是很难的，但是如果有一个理论可以锚定——即使是一个挑战着我们原有观念的理论——就可以帮助我们保持那份联结感。这让我们有信心向病人传递出这份确信感——我们将一起穿越这些困难，即使我们不了解正在发生的每一件事。

虽然我们对精神分析的过程已经有了很多了解，但精神分析中发生的许多事情仍有待进一步厘清。我们不能把自己的理论视为理所当然，必须愿意质疑它们，意识到虽然理论可以帮助我们，但也可能会妨碍我们。如果过分拘谨地遵循理论，就会导致机械的行动，扼杀创造力。当我们认为自己理解了理论，它会让我们陷入一种虚假的安全感，使我们过早地得出结论，过早地停止必要的分析性研究。知道下一个问题问什么，可能比知道答案更重要。

理论即我们理解临床材料的方式，它影响着我们与病人交谈的方式，也会透过我们的态度和诠释传递给病人。然而，理论并不总能转化为技术。研究表明，来自同一理论学派的分析师们的工作方式可能非常不同，而来自不同理论学派的分析师们工作方式也可能很相似（Hamilton，1991）。

我惊讶地发现，在与病人交谈的方式上，来自不同理论学派的、经验丰富的分析师们有许多共同之处。在不同学派之间的对话中，我们介绍各自的案例，也发现有许多诠释是相似的。我相信，敏感的治疗师会运用自己的直觉来寻找什么有效、什么无效。随着时间推移和经验积累，这些治疗师不再那么依赖理论，而是更多地从他们的病人身上学习。自体心理学改变了我倾听病人、理解咨访之间互动的方式——令我的理论取向转向了二人心理学模型，也改变了我对动机和阻抗的理解和诠释。

二人心理学

当我用经典的**一人模型**工作时，我理解了移情——病人对我的体验——仅仅由病人自身内在的作用力产生。我相信自己是中立、公正、匿名的，病人对我的体验则基于扭曲的投射，我的工作是诠释这些扭曲和投射。

在使用**二人模型**工作时，我认为病人的感受是由他们过去的经验以及他们现在对我的看法决定的。病人从我的行为和态度中获得线索，而我对自己的某些行为和态度并不总是有意识、有觉察的。

在这个方面有一个案例，案主名叫玛丽（Mary），是一位28岁患有抑郁症的女性。她曾被哥哥和继父猥亵，四年前离开了一个试图勾引她的治疗师。她预期我会因为她的"受虐"行为而"责备"她，并让她为自己被猥亵的事情负起责任。当我没有这样对待她时，她感到了安全和被理解，她的抑郁症状减轻了。

六个月后，她的心情从迫切地想见到我，变成了害怕来做治疗。她和我在一起时的感受从舒适变成了坐立不安。她会宣称："我讨厌来这里！""我受不了这些治疗，继续下去没有意义，我正在变得越来越糟，而不是越来越好。"

我说什么都没有用，甚至只会使她更加心烦意乱。我感到无助和内疚，因此，我按照习惯变得更加努力。她认为我表面看来温和友善，实则居高临下，说我只是在利用她，强迫她谈论那些痛苦的经历，让她羞耻。我感到被误解了，于是也很生气，也开始害怕治疗了。她抱怨着我要么想让她变成我所期望的样子，要么就对她冷漠以待，根本不在乎她会不会有改变。

我觉得自己被困住了，处于一种没有胜算的境地，想到了一些我过去可能会做出的诠释。我可以指出，她对我们之间日益亲密的关系感到害怕，所以抗拒和我靠近，但这样的抗拒又让她感到是自己不够好，并因此而挫败；我还可以指出，她正在与对我的愤怒做斗争，这是对过去体验的一种置换。但我知道，这样的诠释只会让她更受伤，以为我是在批评她。我也可以指出她对我的认知扭曲了，但这会让她觉得我不把她的看法和感受当回事儿，就像她的母亲曾经对待她的方式一样。这些思维方式虽然在某种程度上来说是准确的，但并不是她体验的核心，这些是**一人模型**的思维方式，这个模型把困难的本质只安放在来访者身上。

温尼科特（Winnicott, 1960）定义了一种**二人模型**，他说不存在单独的"婴儿"，并进一步解释道只有"婴儿和母性照料者"这个成对的存在。如果把这个理念应用到精神分析中，那就是没有单独的"病人"，只有"病人和分析师"这个成对的组合。病人对我的体验可能是由他们的早期经历决定的，但这些反应同时也是由他们现在对我的一些感知而触发的。

由于这些感知是玛丽过去的经历和她对我现在行为的看法共同决定的，所以我想，在研究玛丽的过去之前，我应该先找出我做了些什么让她产生了这样的反应。我系统地探索自己对她的移情反应——焦虑和恐惧——的贡献。我注意到，每次她因我而心烦意乱时，我们之间的关系就会变得更加紧张疏远。我请她帮助我理解在那个过程中究竟发生了些什么，她还记得我说过的那些让她感到我居高临下、批评她、给她施加压力或贬低她的话吗？接着，我会非常仔细地倾听，试着理解她的视角，直到我可以真心地说出"是的，现在的我听到自己当时说的那番话，也感觉到了那些话里的居高临下，难怪你感到受伤和生气，谢谢你告诉我这些"为止。

我并不是在为我当时说的那些话道歉，而是在努力地理解我的话对她产生的影响。在某种程度上，她对我的反应是由她对我的感知触发的，尽管从我的角度来看，她的感知可能被扭曲了。但是，我想要看到她眼中的现实，我不必同意或不同意她的看法，我只想要理解她的看法。

当她觉得被我认真对待了，她就冷静下来，然后变得很悲伤，告诉我她反应过激了。当我从她的角度来看问题，这弥补了我们之间的隔阂，也使得她能够从我的角度来看问题，而且知道不见得一定要顺从我的看法。这样的互动重复了几次之后，她意识到自己的反应是她所熟悉的，她自发地回忆起一些新的记忆——每当她没能符合父母和兄弟们对她的期待时，她就会遭到他们的伤害、羞辱、鄙视和贬低。

动机和阻抗

当我还在以传统模式工作时，我把阻抗理解为病人对自己和对我的逃避。在内在的攻击性和乱伦冲突的驱使下，病人不想觉察到自己潜意识里想要挫败、击败我的愿望。从这样的视角出发来工作，我的诠释是对质型的、权威性的。比如，一个三十多岁的叫约翰（John）的男人会不时地指出我的缺点。我对这些批评的理解和诠释是——这是在潜意识攻击驱力的驱动下表达出来的愤怒。我相信他在潜意识中对我怀有敌意，在与我竞争，这是他俄狄浦斯情结的体现，是正常的发展阶段。约翰默认了这些解释，并感到内疚——就像一个淘气的孩子。他本来就少得可怜的自尊变得更低了，我把他的默许看作是对我所持有的理论的证实。

从自体心理学的角度来看，我开始意识到病人并不是在努力打败我，而是在努力成长、发展和保护自己。我改变了自己的方法。

两年后，约翰在一次治疗中说："我看到你戴了一条金项链。我觉得这也太俗气了！"然后他开始责怪自己太"愤怒"了。我想他可能是在预期着我对他做出"这是你的愤怒"的诠释，这是他用来保护自己免受我批评性诠释的方式。所以我问他，这种感觉体会起来像是某种愤怒吗。他说："在我听来确实挺像愤怒的，你觉得不像吗？"我说，我不觉得他是在生气，更像是在试着表达自己的观点，跟随自己的一些想法，虽然有些笨拙。我把他表达自己主张的做法视为他对与我之间的融合感的一种反应，接着他对这个反应产生了一种"引渡""自首"的后续反应。

重新定义他的行为对分析产生了很大影响。在新的定义中，他不再是一个令人讨厌的淘气男孩了，而是一个心怀胆怯、正在努力寻找自己声音的人。当我把他的行为理解为他在对我生气，他觉得受到了我的批评，并因此感到害怕失去我。他相信，如果失去了我们之间的联结，他将失去所有在分析中得到的收获。他不得不为了维系我对他的支持而向我低头，这使他感到被奴役和屈辱。他在做自己和让我开心之间左右为难，他不相信自己可以两者兼得，也不相信他有权利发展为一个独立的人。当这种新的理解被意识化之后，他的个体化过程得以恢复，自体的凝聚性和自尊都有所提高。

在传统模式下工作时，我会认为他的愤怒体现出的是对我的攻击驱力。但从自体心理学的视角出发，我把他的愤怒视为一种表达自我主张的坚定感，服务于自体的个体化发展（Mahler，1975）。这些理念上的变化也改变了我对病人的态度及我对病人反应的理解。

洞　见

传统精神分析的目标是获得洞见，使潜意识意识化。但来自关系理论的贡献表明，洞见并非不可或缺。比如，认为坚定地表达自己对母亲的看法或抱怨可能会伤害到母亲的病人，现在有机会看一看当面抱怨治疗师时，治疗师会有些什么样的反应。

如果治疗师因为自己的原因在关系中变得焦虑或内疚，那么病人会更加焦虑。然而，如果治疗师富有共情和理解力，甚至理解并欣赏批评，一种新的关系经验就可以得到发展。在那一刻，病人在新的关系中获得的体验被证明是具有治疗性的。这可以帮助病人纠正自己潜意识中的信念，即在关系中表达抱怨或主张自己的看法会破坏关系。这种新的关系方式可能需要加以诠释、形成洞见，也可能不需要。在这样的思维模式下，这些并不重要。

第三章 精神分析的角色

> 我在社会中的角色,或者任何一位艺术家或诗人的角色,都是在尝试表达我们每个人都有的感受,而不是告诉别人该如何感受。我的角色不是传教士,也不是领导者,而是成为能够反射出我们所有人的镜子。
>
> ——约翰·列侬(John Lennon)

在当前的医疗环境下,精神分析是否具有可行性?随着管理式医疗的出现、旨在快速治愈和降低成本的新疗法的激增,分析性疗法的治疗师成为少数,大多数保险计划因服务成本把他们排除了。然而,仍有源源不断的人认为精神分析是其首选治疗方法,这些人愿意在分析上投资——这对他们来说就像拥有一辆车或者一座房子一样重要——有些是治疗师,被自己的治疗实践所带来的压力和病人的需要所压倒,转而向管理式医疗体系之外的人寻求帮助。他们寻求帮助的对象接受过最好的培训,可以帮助他们理解自己和病人;还有一些人在尝试过短期治疗之后发现自己需要更多。

精神分析确实在心理治疗界占据重要的地位,特别是对亚当这样的人来说。亚当是一位35岁的成功商人,他婚姻幸福,育有幼子。虽然他很爱妻子和孩子，但仍觉得生活中缺少了些什么，内心空虚，也感到自己在关系中是疏离的。买辆新车或外出旅行总能带来兴奋的火花，缓解内心的空虚，但一旦新鲜感消失或者回到日常生活中，空虚感就又回来了。尽管亚当有意识地努力寻求改变，但是空虚感和疏离的行为还是自发地发生了。他通过冲动消费获得过一些释放，但也因此出现了经济危机，这让他不得不更加拼命地工作。

随着时间推移，各种个体和团体心理疗法都对他有过一些帮助，但亚当仍然无法摆脱这种疏离感，也无法打破他与妻子和孩子间的心墙。他决定尝试精神分析——在四年时间里每周接受5次分析。亚当发现了自己内在隐藏着的作用力，他意识到潜意识的脆弱感会启动自我保护机制，尤其是在与他人的关系变得亲近起来时。比如，如果儿子想要他讲个故事，亚当会同意，然后会突然想起某个未完成的、需要立刻关注的项目。这些自我保护机制在没有觉察的情况下发生着。

在分析中，他意识到了自己正在做什么，并对这些自动化的行为是如何形成的感到好奇。分析性的探索让他想起早已遗忘的早年与父母之间的痛苦经历，在那个时候父母二人公开地争吵、痛苦地纠缠。亚当从没意识到，他一直以来都认为自己要为他们的争吵负责，他认为这反映出他作为儿子的不足，是他自己不够好导致的。

他的母亲看不起他的父亲，他的父亲只好退缩到电视节目和酒精中寻求庇护。他的父亲偶尔会带小亚当去酒馆，在那里自我吹嘘。亚当很喜欢和父亲在一起的这段特殊时光，但当他们回家时，他的母亲就开始长篇大论地批评丈夫如何带坏了儿子——亚当和父亲之间的美好感受被破坏了。对母亲向父亲发火一事，亚当感到崩溃和恐惧，他认为是自己与父亲的亲近伤害了母亲，于是他疏远了父亲，以此保护母亲。

面对丈夫的退缩和儿子孤僻的反应，母亲开始过分关注儿子。亚当沉浸在母亲的爱之中，但很快就意识到只有当他待在母亲身边依靠她、让母亲感到被需要，母亲才会为他骄傲。如果他自给自足，就会看到母亲受伤的眼神，感受到她突然间的冷淡。他只有放弃自己萌芽中的个体性才能接近母亲，只能通过在关系中有所保留，在情感上保持谨慎距离，才有可能去追求自己的道路，保护自己不被母亲的需要缠住。

这些早期的交往方式发展成了一种潜意识的模式，成为他与别人交往时的习惯性做法，这些方式塑造了他与妻子和孩子的关系。当潜在的脆弱感被意识到并被理解时，新的力量和自信就出现了，他对自己自动化的行为有了更多感知。他开始练习新的存在方式，这使得新的亲密体验得以出现。

亚当在人际关系中更快乐了，这份新出现的自信令他的工作效率提高，冲动消费行为显著减少。亚当发现自己与妻子和儿子的关系改善了，从经济和情感两方面来看，他在精神分析上的投入都是一笔很好的投资。

精神分析和移情

我想澄清一下我是如何使用精神分析、移情和反移情这三个术语的，这些术语在精神分析师间并没有达成一致。各种各样的精神分析学院都在教导精神分析理论，并随后由毕业生将其付诸实践。传统上，精神分析被定义为一种治疗方法——通过对移情的分析，消除防御和阻抗，丰富个体的人格（Moore & Fine，1968）。但是所谓的**移情**、**对移情的分析**究竟是什么意思呢？这还存在着很大的争议，**反移情**这一概念也是如此。

传统上，移情被定义为来访者过去的情绪感受经过歪曲和投射，被安放（置换）到精神分析师身上。反移情被定义为精神分析师本人过去的感受被病人的移情反应激起，并投射到了病人身上。接受分析的病人在分析过程中渐渐以与过去面对重要关系时相似的方式来体验他们的分析师，而分析师也会以同样的方式来体验他们的病人，对病人产生与分析师本人面对过去重要人物时相似的体验。

如今这些术语渐渐发展出了新的含义，因为"治疗技术重点的改变带来了概念的延伸和拓展，比如移情这个概念逐渐涵盖了与客体有关的活动，不见得只是对过去重要人物关系的重复"（Sandler，1983）。正如桑迪尔指出的，这样的延伸已经引发了争议。

我对移情和反移情的看法一直在改变，我目前认为移情是病人组织自己在一段关系中的体验的习惯性方式，包括病人在治疗师那里所体验到的所有情绪感受（Stolorow & Lachmann，1984-1985）。我认为反移情是精神分析师体验病人的所有方式的总和（Fosshage，1994）。

聚焦于病人和精神分析师当下、即时的互动，聚焦于"此时此地"，可以带来巨大的影响力，打开一扇通向潜意识体验的窗户——就好像"一粒沙中蕴含着整个世界"（Stern，2004）。在这个模式下对移情和反移情进行分析，就是对当下的关注和理解。

精神分析和心理治疗

对精神分析进行定义并将其与分析性心理治疗加以区分，是更为困难的一件事。对于在1953年美国精神分析协会大会上一个杰出的专家团队而言也一样困难，即使是他们，也无法就这种疗法的定义达成一个能够为人接受的结论（Rangell，1954）。精神分析最初指的是一种以移情分析为中心的疗法，而心理治疗则是对移情的操纵，而不是分析。然而，随着心理治疗师们开始接受精神分析师们的督导，他们也开始分析移情，并在每周一次或两次的治疗中采用分析技术。心理治疗和精神分析之间的区别就变得模糊了。

我对精神分析的定义由两个部分组成：第一，精神分析是一种由一个接

第三章 精神分析的角色

受过精神分析训练的人实施的治疗；第二，这个部分受到了吉尔（Gill）的影响——精神分析是一种基于系统性检视分析师对病人的移情反应做出了何种贡献的疗法。我所谓的"系统性检视"指分析师在检视病人过去或现在的关系的贡献之前，首先看一看自己做出的贡献。

我认为无论精神分析师的工作频率是每月一次，每周一次还是每天一次，他/她所做的都是精神分析。我督导过一些来自社会机构的案例，在这些机构中，病人持续十年每月见一次医生，他们发展、检视并修通了强烈的移情，这带来了显著的人格发展和变化。我现在也常常交替使用精神分析师和心理治疗师这两个词。

即便是在我们目前的医疗卫生环境中，那些能够与病人进行紧密合作，并且知道如何与病人保持联结的精神分析师们，在教学、督导和治疗工作上都仍然是供不应求的。

第四章　倾听病人

> 惹人厌者（Bore）：名词，指当你希望某人倾听时，他却在滔滔不绝。
>
> ——安布罗斯·比尔斯（Ambrose Bierce）*

多年来，我觉得我的工作就是要知道该对病人说什么。病人在开始治疗时心里会有一些东西，我倾听并试着理解他们说的话与他们眼前的生活、与他们和我的关系以及与他们的过去有着怎样的联系。在某种程度上，我觉得我应该和他们分享我的理解。

然而，有些病人不希望我打断他们。他们非但不欣赏我深刻的评论，反而觉得我打扰了他们。他们礼貌地让我说完，然后不顾我的评论，接着把刚被打断的话说完。我会感到沮丧和恼怒，并没有意识到很多时候用一种理解的方式来倾听比具体说什么更为重要。

有的时候，病人前来治疗时感觉自己很混乱，和我交谈对他们来说是一种梳理。在这样的时刻，他们需要的是我的倾听和理解。如果我的评论仅限

---

* 美国记者，短篇小说、传说与讽刺小说作家。著名作品有短篇小说《鹰溪桥上》（*An Occurrence at Owl Creek Bridge*）和讽刺小说《魔鬼辞典》（*The Devil's Dictionary*）等。

于表达理解，他们就会感到和我有联结，感觉内心得到了梳理；但如果我越过他们的直接体验试图拓展其理解，谈论他们和我的关系或他们的过去，他们会感觉不到联结，并体验到焦虑。如果我允许自己被来访者"使用"，为他们提供这种梳理内心的体验——也就是科胡特（Kohut，1971）所说的自体客体体验——分析就会自然进展。

自体客体理论

科胡特对关系中自体客体维度的发现彻底改变了精神分析实践。在自体心理学中，没有什么比"自体客体（selfobject）"这个词更令人困惑了。在使用这个术语时，把它作为形容词可以避免很多混乱。比如，**自体客体体验**或**自体客体功能**。

自体客体体验和客体体验是关系的两个维度，它们同时存在于每一种关系中，并且是"前景和背景（foreground-background）"的关系。在一个人体验中的任一时刻，关系的这两个维度之一会更加突出，位于前景的位置。在关系的**客体体验**维度中，另一个人是作为一个独立的个体被体验到的；但在关系的**自体客体体验**维度中，另一个人在那一刻是作为自己的延伸被体验的，就像自己的一只胳膊或一条腿。在某种程度上，所有关系中都能体验到这两个维度。

自体客体体验包括感觉得到了抚慰（soothed），安慰，感到安心，力量感增强，得到了承认或认可。以抚慰为例，自我抚慰的能力因人而异，这取决于个人早期经历和天生气质。然而，无论个体在自我抚慰这件事上能力多么强，有些时候仍然无法为自己提供抚慰，仍然需要向别人寻求安慰或安抚（comforting）。在这样的时候，个体对这个人（求助对象）的体验是把他们视作自己的一部分，是延伸出来的。任何能提供这种抚慰体验的人，都是在为个体提供一种**自体客体功能**，提供在那个时刻个体无法为自己提供的东西。

这有助于我们理解为什么在需要受挫时，我们会有一种被背叛了的感觉。我们在寻找一种自体客体体验，当那些我们本以为可以信赖的人让我们失望时，这不仅仅是一种挫折感，更像是自己的一只胳膊或一条腿突然不能用了。

正常发展过程中的自体客体体验

婴儿时期的正常状态是无助和脆弱的。然而，幼小的孩子只要觉得与父母的关系紧密，就可以感到强大和自信。成年人为这些还不能自理的孩子提供了一种自体客体的强化功能。然而，当与成年人之间这种具有强化作用的联结被打断时，孩子就会感到无助和脆弱了。

在正常发展中，当成年人能够提供足够的力量和保护时，儿童会逐渐形成内在的力量感和能力感。然而，当成年人不能提供一种保护性的环境，儿童反复被脆弱的感觉压倒时，内在的力量感和自信心的发展就会受到阻碍。儿童失去了具有强化作用的自体客体后，在成长的过程中就会感到脆弱，迫切地需要与强有力的成年人建立安全的联结，以维持正常的自体凝聚感。

另一种发育停滞通常发生在儿童开始创造和运用想象力的阶段。一个孩子收集了一些石头，自豪地把它们作为礼物送给了他的母亲。当他的母亲喜笑颜开，真挚且热情地说："哦，你送给我珍贵的宝石——太漂亮了！"母亲的快乐为他提供了一种自体客体体验，他也会从内心感受到成就感、感到"我很好"。

然而，如果母亲不是高兴地微笑，而是有恐惧、厌恶的反应，说："哦，这些石头真脏，赶紧扔到屋子外面去！"孩子就会感到很羞愧。他的主动尝试已经演变成了一种失败感和无能感。

如果一个孩子穿好衣服，跑到父亲面前，微笑地看着他。父亲也能映照出孩子的骄傲，回应道："哇，你看起来真好看，你长大了！"孩子就会高兴得容光焕发，为自己的外表自豪。然而，如果父亲只挑毛病，说："你头发上的蝴蝶结是歪的"或"你的袜子上有个洞"，孩子就会感到压抑、羞辱，也为自己羞耻。

当父母能够提供充分的镜映及确认的自体客体反应时，儿童就会对自己的成就感到骄傲，并拥有一种胜任感。但是，当儿童不断被剥夺这些基本的自体客体反应时，他们在这方面的发展就会受到阻碍。他们感到一种内在的缺陷感、不足感和羞耻感。他们终其一生觉得需要不断地得到外界的认可和承认，来让自己感觉好一点。

对自体客体体验的需要是正常的，当需要得不到满足时，失望和沮丧也是正常的。问题在于失望导致的混乱，混乱的形式也许是恐慌、愤怒或从关系中撤出。接着会出现一些试图修复被破坏感的冲动行为，包括毒品成瘾、饮食失调、性倒错和自残。

在以下这个例子中，我被一个病人体验为两种不同的"非人"自体客体功能。这位病人32岁，是一位聪明的、有吸引力的女士，已经完成了结婚成家的目标。她前来接受分析的原因是虽然她并没有觉得特别抑郁，但感到自己的生活枯燥乏味、空虚无意义。她把自己奉献给了丈夫和孩子，却怨恨他们没有对她投桃报李。丈夫有很多家庭之外的活动，但她却没有这样的时刻。她痛苦地抱怨着丈夫不关心她，担心自己不能坚持节食，还有咬指甲的习惯。在开始时，她一小时接一小时地报告着遇到的每一个挫折，几乎没有情绪感受。

在分析过程中，她开始觉察到自己的感受，并学会了把它们表达出来。她觉得自己更强大了，获得了信心，体重减轻了，也不再咬指甲，还腾出了时间参加户外活动。但她在做这些事的时候，并没有多少热情。

治疗对话没完没了地进行着，我常常觉得她是在对着我说话，而不是与我对话。我开始明白，她已经发展出了一种自体客体移情，我被用来为她提供一种确认性的、回声板的功能。在还是一个小女孩的时候，她未能得到正常的确认及认可——在这种回应中，她只需要联结、讲述自己的经历和感受，被倾听和理解，而不是被告知要做些什么；对那时候的她来说，不但没有人理解她的体验，反而还认为自己给别人带来了麻烦。

有一次，我因为需要度假而取消了一次治疗，而她仍然来到了治疗室，在候诊室里坐了20分钟，然后才意识到这次治疗已经取消了。她不认为这有什么奇怪的。当我怀疑这是不是和她想念我有关时，她说："绝对不是！我为什么会对你有任何感受？"她不明白我为什么那么自我中心，总是坚持说她行为中的某些元素与我有关。我只是她雇来的工作人员，她付钱购买我提供的服务，除此之外没有任何个人的部分。当我把我所看到的这些诠释为否认和负向移情阻抗时，我们的进展停滞了，治疗陷入了僵局。

我开始意识到，在分析的这个特定阶段，她已经发展出一种早期的自体客体移情，期待我提供一种她自己无法提供的组织功能。在她的分析过程中还发展出过其他移情，不过那是一个新的面向。

当我理解了这一点，并且能从她的角度看到她对我的体验是"我为她提供了一种功能"，我就能说："也许你想念的是在这里的分析。""是的，"她干脆地说道，"现在你明白了。来这里是我每天都做的事，如果不来这里，我都不知道自己要做些什么。"她需要见的并不是我，在这个阶段她所需要的就是来这里，在我的候诊室里待上一段时间，然后就能感到自己得到了足够的梳理，可以出去继续完成这一天余下的事了。这让我想起了处于分离-个体化实践阶段的孩子，他们会时不时地回到妈妈身边去"充电"（Mahler et al. 1975）。妈妈不需要参与孩子互动，孩子只要来碰一下妈妈坐的椅子就够了。

病人随后报告了一个梦，梦里她在湖里游泳，手里握着一个漂浮装置——一个游泳筏。在对梦的分析中，我是那个游泳筏，对她起着支撑作用。

对移情中这个面向的诠释，唤起了她对童年时母亲冷漠和难以亲近的记忆及感受。

她母亲抱怨说自己不舒服，不得不卧床休息。在6岁时，她就必须自己准备早餐，然后让哥哥帮她拉上衣服后面的拉链，出去上学。母亲无法下床帮她做这些事情，小女孩也无法表达自己的沮丧。她认为母亲无法为自己提供支持正是自己不够好的证据，她被告知是她的抱怨让母亲生病了。尽管这个孩子为自己做了很多，也很自立，但还是被告知她还不够好。

我们现在明白了，当时的她没有得到母亲的认可——一个孩子需要得到母亲的认可，才能学会为自己的成就感到高兴，她的胜任感和自信心的发展也受到了阻碍。她觉得只有在和一个强大的人联结在一起时才能变得强大，这个人先是她的丈夫，然后是我。现在她能够看到母亲的局限、焦虑和需要，她的自我概念也得到了改善。

自体客体体验和直觉

理解了一个人对自体客体体验的需要之后，我重新思考了40年前接受伊迪莎·斯特巴（Editha Sterba）督导时的体验。斯特巴是维也纳的一位儿童精神分析师，她逃离了纳粹的迫害，与同为精神分析师的丈夫理查德（Richard）移民到了底特律。在她的督导下，我治疗了一个患有学校恐惧症的6岁女孩，她是一个健康可爱的孩子，但她拒绝离开母亲去上学。在几个月的游戏治疗后，她克服了分离焦虑、控制冲突和俄狄浦斯恐惧，变得更加聪明、自信——但是她仍然拒绝去上学。

在绝望之中，我打电话给伊迪莎，她说："解决办法很简单。到了星期一，让爸爸送小女孩上学。"我不太明白，但听从了她的指导。星期一到了，女孩的父亲带着小女孩去学校，整个过程毫无波澜、一切顺利。他把她带到学校门口,挥手告别,然后去上班,小女孩也高高兴兴地走进了学校。伊迪莎解释说:"焦虑的人并不是那个小女孩,而是她的母亲。小女孩待在家里是为了照顾母亲的焦虑。"父亲并不焦虑,于是小女孩也就感到自己可以自由地去上学。

伊迪莎对这次治疗没有作精神分析性的诠释——她凭直觉行事。现在我明白了,母亲是在利用小女孩来解决她自己的焦虑,女孩为母亲提供了一种自体客体功能。当父亲参与进来,给予女儿她所需的力量,她就可以继续自己的发展了。

有经验的精神分析师总能凭直觉理解一个人对自体客体体验的需要。然而,他们缺乏理论框架来教治疗师们该如何理解自体客体需要,以及用什么样的技巧来处理自体客体需要。拉尔夫·格林森(Ralph Greenson)曾经批评过一位精神分析师候选人,其女病人的一个孩子生病了,病人为了送孩子去医院取消了一次治疗,而候选人在接下来的那一次治疗中没有询问孩子的情况。有人问格林森:"格林森医生,这也是分析吗?"格林森回答说:"我不管你称这为什么,它就是你要做的!"他凭直觉就能理解那位女士需要有人能看到自己的痛苦。自体心理学为我们提供了一个理论框架,在这个框架内我们可以得到技术性的指导,学习如何与病人谈论他们的自体客体需要。

唯我论

1954年,我进入位于底特律的韦恩州立大学医学院(Wayne State University)学习,由一位精神分析师及哲学家约翰·多尔西(John Dorsey)教授来教我们初级精神病学。多尔西很尊敬弗洛伊德(弗洛伊德曾是他的分析师)和诗人沃尔特·惠特曼(Walt Whitman)。多尔西的哲学观是唯我论——只有自体的存在(only the self exists)。

"我是我自己的一切",多尔西会这样说。每节课开始时,他都会在黑板上画一个大圆,中间写着"我(me)"。然后,他在这个大圆圈里又画了另一个圆圈，称之为"我的你（my you）"，他指的是在座的一个学生。另一个"我的你"圆圈指的是另一个学生，一个交叉的圆圈指的是"我的你的他（my yours him）"。没有哪两个学生能够以同样的方式体验另一个学生。每个人对另一个人的体验都是主观的、独一无二的。这就是我对主体间性理论的入门。

那些一心想着客观性的同学们怨声载道，他们看不到多尔西教授所讲授的奇怪的内容里有任何实际意义，有很多人怀疑多尔西是不是患有精神病，我则深受吸引。5年后，当我成了精神病科的住院医师时，我看到了多尔西的实践——教授在一个圆形的会议室里、在全体医务人员面前访谈了一个病人。

所有的实习生、住院医生、精神科医生和护士们挤在一间小会议室里，围坐成半圆形，中间是两把椅子。多尔西坐了一把，另一把空着。主任住院医师陪着一个病人走了进来，那是一位年轻的女士，前一天晚上因为情绪激惹、意识混乱和妄想而被送进了封闭式病房。

她穿着洗褪了色的病服、睡衣和一次性拖鞋，一声不响地拖着脚步走进房间，右臂抽搐着、脖子也抽动着，一直抬着头盯着天花板看。她走到椅子跟前，懒洋洋地坐进椅子里，继续眨着眼睛望着天花板。我当时很生气，因为我认为这是其他人故意想让教授难堪，所以送来一个无法治疗的病人。

但多尔西看了看她，也懒洋洋地坐在椅子上，一起抬起头看着天花板，不一会儿也开始眨起了眼睛。过了一会儿，他柔声对主任住院医师说："顶上那盏灯太亮了，你能把它调暗一些吗？"主任关掉了灯，让房间陷入一片昏暗。"刚才那光线真刺眼。"他平静地对那位女士说。病人坐直了身子，看着多尔西，开始与他交谈——这是她入院以来第一次有条理地说话。

多尔西"进入"了这位女士的主观体验，她感受到了这份联结。对她来说，这是一次起到了组织作用的经验（organizing experience），接着她就能够条理清楚地说话了。多尔西演示了何为"共情-内省的检视模式（empathic-introspective mode of investigation）"，尽管他并不这样命名自己的做法

(Kohut, 1959)。因为对多尔西来说，这是一种直觉——他可以演示出来，但没法教授。科胡特给了我们相应的词汇和理解，使得对这种方法的教学成为可能。

主体间性理论

独立于科胡特工作的阿特伍德和史托楼罗（Atwood & Stolorow, 1979）为主体性理论建构了一个框架，称之为精神分析现象学（psychoanalytic phenomenology），他们在一篇论文中首次使用了主体间性这个术语（Stolorow, Atwood & Ross, 1978）。史托楼罗的主体间性理论与自体心理学平行发展，并得到了自体心理学的丰富（Stolorow, 1992）。

史托楼罗所说的主体间性，是指两个（或更多）个体的不同主观世界相互作用而形成的心理场域。在临床上观察到的内容至少在一定程度上是受到观察者和观察所发生的场所制约的，不存在纯粹客观的现实。病人和分析师都将他们各自的主观经验带到治疗中，包括他们的理论和叙述。治疗发生在不同主体间交互的界面上，这个界面也是分析检视的焦点。当病人对潜意识过程有了更多的反思意识，并和分析师一起经历了新的体验，就会发展出在关系中体验自己的新方式。

案例

贝拉是一位19岁的女士，接受过医疗系统的医治。她被诊断为精神分裂症，并被贴上了"无法治疗"的标签。当一位同事请我给她治疗时，她已经被转到一家慢性病护理机构。这位同事是贝拉一家的朋友，没有以医生的身份和她接触。"我不知道她怎么了，"他说，"但我不敢相信她得了精神分裂症。她的内在住着一个美好的人。"我在治疗中见到了贝拉，也同意这位同事的看法，她确实是一个美好的人。

贝拉在13岁父母离异之前一直过得很快乐。母亲在她13岁时开始外出工作，贝拉则要照顾自己和11岁的妹妹。她的两个哥哥搬了出去，母亲开始依恋贝拉，贝拉也感觉需要为每个人的幸福负责。在15岁时，她觉得不堪重负，辍学，并遭受着幻听和幻视的折磨——她看到了死亡，听到魔鬼对她说话，觉得自己疯了。在17岁时，贝拉的父亲在一次事故中意外去世，她开始过量服用阿司匹林和其他非处方药。

贝拉去了一家诊所接受心理治疗，在几周后袒露自己出现了幻视。治疗师变得警惕起来，并把她转介给了一位精神科医生，医生给她开了抗精神病性药物。药物让贝拉变得紧张，也让她无法清晰地思考，她感到害怕，觉得自己正在失去理智。由于她的焦虑反应，精神科医生增加了药物剂量。贝拉开始感到自己再也无法控制思维了，她变得不知所措，开始割伤自己，于是被收治入院。

出院之后，这样的循环继续着。在一年时间里，贝拉经历了5～6次住院治疗。每次出院后，她都会割伤或烧伤自己，于是不得不再次住院。在和贝拉以及她的母亲谈过之后，我同意试着和她展开治疗，前提是贝拉一周要来5次。我想这样的频率能给我一个放手一搏的机会，让我可以和她保持联结，一起来应对预想中的暴风骤雨。

贝拉和我一起工作了5个月。治疗呈现出两个阶段。在第一阶段（大约1个月），贝拉准时前来治疗。我们变得越来越熟悉，她感到得到了足够的理解，感觉很安全，并告诉了我她的过去。在第二阶段，她报告了一个梦，梦里她的妹妹生了一个孩子，妹妹把孩子放在一辆汽车的引擎盖下（"引擎所在的地方"）。那辆汽车正在被其他车追逐，接着就在滚滚浓烟中停了下来。贝拉打开引擎盖，发现婴儿死了，被烧焦了。在对这个梦的分析中，贝拉坦言觉得自己要照顾家里的每一个人，她就是他们的引擎——那是她的功能。她的母亲一直不会开车，无论到哪里都是贝拉开车送她。她的兄弟姐妹都是捣蛋鬼，但贝拉是好孩子,她从不发脾气,也从不和母亲吵架。

在治疗的第二阶段,贝拉开始难以按时赴约,变得抑郁和沮丧。她想到了死亡,担心失去我,尤其是如果不得不回去住院时。我把她的恐惧诠释为她相信如果她回到了医院,那么她就会伤害我。这引出了"贝拉的母亲害怕失去她"的新洞见,母亲说如果贝拉发生什么不测,她也活不下去了。当贝拉搬出去和一个亲戚一起住时,她的母亲会求她回来。

治疗的这一阶段出现了移情的新维度,我们的关系里充满了狂风暴雨。贝拉在离开我的办公室后会漫无目的地开上几小时车,最后会在某个停车场里割伤自己的手臂。她先后两次住进一家综合医院的精神科病房,我去那里看望她,以一种主体间性的立场探索在她割伤自己之前我们在治疗中发生了什么。和多尔西一样,我也想进到她体验的内部。

她很难表达对我和治疗的失望。她觉得与我之间的联结断了,也和我疏远了,但她没有想到要把这些告诉我。在我说出失望和气馁这两个词之前,她甚至都没有意识到这些感觉。她体验到了我们关系的断裂,并因而产生了一种破碎感。割伤自己具有组织功能,帮助她克服死亡和混乱的感受,重获现实感和整合感。

贝拉需要用"被人帮助"来表达自己的感受。当她把**紧张**、**破碎**、**死寂**和**空虚**等词与她原来以为的只是"失控"或"疯狂"联系起来时,这些词产生了强大的整合效果。她在后来的治疗中了解到,在艰难时刻打个电话给某个人,也能帮助她重新获得整合感。

在反移情中,每次贝拉带着伤口和恐惧走进治疗室时,我都感到焦虑、无助和内疚。我感到沮丧和不知所措,因为她不断地觉得我们关系中断了,她对这种感受的反应就是自残。通过持续不断地关注我们治疗联盟的中断,以及我对这些中断做出了什么样的贡献,她逐渐能够谈论这些中断带给她的体验。最终,在她再一次割伤自己之前,我们又回到了正轨。在此期间,我依靠了同事们的支持。

渐渐地,贝拉感受到了更多的整合感,她开始谈论失去父亲的痛苦和内疚。她为他的死感到悲伤,幻觉也停止了。她计划搬离母亲的住所,这时她母亲突然停了对她心理治疗的资助,宣称钱已经用完了。贝拉的反应是再一次下定决心要搬出去,不再依赖母亲的钱。贝拉的内心更强大了,她不再相信如果自己变得更加独立、自给自足,就会毁掉母亲。如果她的生活过得比母亲好,她也不再感到内疚,而是觉得有权满足自己的需要。随着贝拉变得更加独立、自立,母亲也终于学会了开车——她也变得自立了。

多尔西的身体力行及科胡特的解释说明,帮助我学会了倾听。

第五章　技术指导

> 真正的老师会保护学生免受自己的影响。他鼓励对自己的不信任（self-distrust），将学生的目光引向令他激动不已的精神。他没有门徒。
>
> ——布朗森·奥尔科特（A.Bronson Alcott）

我的第一位督导师让我在分析之初就告诉病人把脑海里想到的都说出来，接着做出诠释。我的第二位督导师告诉我，首先应该建立良好的咨访关系，我也应该建立信任和信心。第一位督导认为人自然而然会建立良好的咨访关系，但很多时候当我以为我已经建立了良好的咨访关系时，病人却感觉不到与我的联结。我学会了不要想当然地以为建立良好的咨访关系和情感联结是易如反掌的。

与病人建立良好的咨访关系是一个直觉过程。沙弗尔（Schafer，1974）指出："真正的治疗关系是很难获得的，并且总是以意想不到的方式实现……治疗的进行……总是要在一件又一件的事情间作权衡，然后做出复杂且完全不确定的选择"。

保持一份理解和联结是很棘手的，每个病人都会需要各种各样的技巧。

有时候，理解会有帮助；有时候，一再地修复无数次的断裂很有必要；有时候，除了耐心和忍耐，没有什么其他能帮上忙的。我建议，在分析的浅滩中巡航时，指导原则是在仔细评估的前提下信任你的直觉。同时，仔细留意病人外部生活的变化，以及他/她对你所做的或没有做的事情的即时反应。

评　　估

发展良好咨访关系的能力是诊断评估的一部分，而发展治疗关系的能力则是一个人是否适合进行精神分析治疗的标志。我曾见过一些病人，他们思路混乱、没有条理、几乎没有任何现实功能，但他们内心的某些东西触动了我，让我感觉到了一些联结，这些病人在分析中往往表现良好。我见过其他有条不紊、功能良好的病人，但我感觉不到和他们的联结，这些病人在与我的分析工作中往往效果不佳。一段治疗关系需要良好的咨访关系，让病人和精神分析师可以一同展开一段探索之旅。病人会发现有些分析师比其他分析师更容易工作，而分析师也会发现有些病人比其他病人更容易工作。有些"病人+分析师"二人组是行不通的，而分析师无法判断某位病人是否适合与另一位分析师展开分析——分析师只能判断自己与这个病人是否合适。有些病人会表达出对女性或男性分析师的偏好，我告诉他们要认真留意自己的直觉。通常，经过2～3次评估会谈后，病人和分析师就能知道彼此的相处舒不舒服，能不能一起工作。

卡尔就是一个例子，他擅长创业、建立人际关系，但却不擅长持之以恒。他几次成功的创业都以悲剧收场——几位合伙人把他排挤出去，然后接管了公司。他的两段婚姻经历了类似命运，每一任妻子与他离婚后，他都只剩下很少的财产。当下的婚姻让他很痛苦挫败，因为他的妻子需要一大笔钱来为她已成年的女儿支付教育经费。他抱怨道："我不知道怎么对她说不。"二十年来,他不断向大学时代最好的朋友寻求支持,后者是另一个社区的治疗师。他的朋友总能给他一些建议和鼓励,但现在这位朋友也开始感到挫败和不耐烦了。"看在上帝的分上,"他说,"你为什么不去见治疗师,在对方那里寻求一些帮助呢?你必须自己学会站稳你的立场!"这位朋友四处打听,为卡尔找了一些治疗师的联系方式,其中也包括我。卡尔来见我,和我讲述了他的故事,并恳求道:"你能帮我吗?"

"你知道该做些什么,"我说,"但有些东西阻碍着你去做那些需要做的事情,那些能够照顾好你自己的事情。"卡尔很高兴,说道:"是的,要是我能找到勇气对别人说'不',而不是轻易放弃自己拥有的一切就好了。"我告诉他我会安排一些面谈时间,看看我们可以怎样来理解一下他的阻碍。

在下一次会面中,卡尔告诉了我他早年遭遇的痛苦和被剥夺的经历,他时常感到有压力、要表现得好,要照顾好父母——并常常要以牺牲自己为代价来做到这些。他不觉得自己有权利照顾好自己,也不觉得自己值得拥有任何人的照顾,在他的意识中根本没有这样的想法。我向他澄清并反映这些信念,给他留下了深刻印象。他没有意识到这些信念在他心中以这样一种自动化的方式在运作着,他变得如此富有洞察力,也给我留下了深刻印象。接下来的几次面谈也同样有力:他意识到自己多么无助,多么缺乏内在资源;也惊讶地发现自己的内在或许就具有一些可以汲取、依靠的资源。他开始意识到自己的信念是多么荒谬——他要为每一个人负责,而他自己没有权利拥有任何需要。

然后,在第4次面询中,他对我说:"你有什么答案要告诉我的吗?"我吃了一惊,并告诉他我感到困惑,我没有想过要由我来为他找到答案。我的看法是,我们要一起努力去理解究竟是什么在阻碍着他。"如果我生病了去看医生,"他说,"医生会告诉我是怎么回事,要怎么治。你难道不打算告诉我该怎么做吗?还要多久才能告诉呢?"我表示我很惊讶,并认为到目前为止我们之间的对话就是在帮助他。"你不觉得这几次的治疗对你很有帮助吗?"我问。"并没有,"他回答,"我从你那里得到的只是回声。我想要的是答案、解决方案。我要知道怎样才能捍卫自己的立场? 怎样才能学会对妻子说'不'?"他所有的洞见——意识到自己感到无助、需要依赖别人给出的建议,意识到不相信自己的内在就有可以发展的资源——都消失不见了。我说:"我以为我们过去这段时间所做的工作就是在帮你,而这就是我的工作方式。如果你觉得没有帮助,或许你会想要咨询另一位治疗师。"

他不想去见其他的治疗师,说:"我欣赏你的诚实。"我感到失望,但卡尔看起来松了口气。我意识到,他来见我是为了取悦他的朋友,而不是因为他想这么做。我修改了之前的评估——卡尔太顺从了,难以拒绝他朋友的推荐。他想要抱怨,想让他的朋友听他倾诉、理解他,而不是试图纠正他或告诉他该做什么。虽然卡尔和我关系很好,但治疗联盟从未建立。

曾有人把做精神分析比作下国际象棋。开始和结束的走法都很明确,但是棋局的中段有很大变数。一开始,分析师会关注病人的感受,并试图理解病人的体验。耐心和理解是很有帮助的,但最初管用的东西迟早会不再继续管用(Trop & Stolorow, 1991)。病人会进入下一个阶段,最初对分析师的被动和理解感到舒服的病人,开始变得不舒服、沮丧和不耐烦;或者分析师的一些做法原本会带给病人宽慰和支持,现在却开始搅动病人内在被控制和入侵的恐惧体验。

学生们想知道如何决定要走哪条路,想知道是要遵守什么规则,还是相信直觉就好? 每当我完成评估访谈,病人和我达成了一个双方都同意的目标,我会依靠四个原则持续展开分析的过程:我自己的真实感受;我对病人外部生活的评估;病人情感状态的变化;病人在治疗中对我的直接干预的反应。

分析师的真诚

福沙吉（Fosshage, 1994）将分析师的真实性定义为一种非防御性的存在："比如，当病人需要更加直接且自我表露的回应时……真实的互动使得分析师能够与病人建立更融洽的关系，反之亦然"。我曾经低估了病人了解我的能力，以为如果我不直接回答他们的问题或表达我的想法和感受，那就是在做好的治疗。但是后来我发现，如果我自然地回答问题或者谈谈自己——事实上我并没有透露给病人任何他们还不知道的事情——很可能才是对的，病人的反应能让我知道做得对不对。

成为一名精神分析师是一个发展性的过程，而且需要时间。学生们知道的比他们自己意识到的要多，但他们在学习信任自己、信任病人和信任分析过程方面需要得到帮助。如果分析师的直觉是错的，那么这对分析师和病人来说可能是一次学习经验。然而，如果分析师违背自己的直觉，盲从督导或理论，所犯的错误就可能会导致断裂甚至是混乱。当分析师失去了信心，病人是会感觉到的。而当他们两人都感到害怕时，就会产生混乱。

当我还在洛杉矶精神分析学院学习时，亨利·林（Henry Lihn）指导我分析了一个控制案例（control case）——林总是有新东西让我尝试。当我犹豫要不要尝试他的创新建议时，他温柔地鼓励我先试试看，然后再自己做判断。这些想法行之有效，我学到了很多，但后来他提出了一个不符合我的风格的建议——我觉得不舒服而不仅仅是犹豫。他不断地鼓励我，我开始觉得他太唠叨了。病人的分析动力停滞了，分析也止步不前。分析不再有趣，我讨厌我的病人，害怕面对他们。

在这些令人沮丧的会面中，某一次治疗里我的思绪开始游走。我靠在椅背上，茫然地盯着对面的墙壁，忽然间好像陷入了一场白日梦：我看到在墙的顶部——就在天花板下面——有一扇大玻璃窗，那是一个放映室。林坐在那块玻璃板后面，向下俯视着，我看见林在仔细地打量我。

我忍无可忍，意识到必须与林对质。在下次督导时我说："我很重视您的意见，也希望您可以自由地给我建议，告诉我您觉得我该怎么做，但是我也必须拥有接受或拒绝你的建议的自由。我是分析师。"林微笑着温柔地说："当然可以。我不知道我让你感觉到了压力，你的分析很顺利，你做得很好。请忽略我给你的那些没有帮助的评论。"我的分析工作恢复了良好势头，结果也很成功。

当时我陷入了一种束缚：要么相信自己的意愿，要么听从我的督导。我开始自我怀疑，也失去了自己的真诚，我陷入了困境。当感到和督导在情感上失去了联结时，我和病人的相处也变得脆弱起来，我开始感觉自己很不胜任。当我信任我的督导和我自己，去和他对质后，我们重新恢复了督导关系中的联结感，我也重新恢复了自己的真诚和分析能力。

病人的外部生活

病人开始分析时，他们个人或职业生活的某些方面存在着混乱，会抱怨家庭或工作。经过一段时间的治疗，病人的外部生活稳定下来，人际关系改善，工作也变得富有成效。问题通过移情转向分析关系，移情充满张力和挫败感。如果混乱维持在移情关系内部，那么治疗很有可能仍在正轨。但是，如果问题再次出现在病人的外部生活中，那么分析的某些部分就可能是错误的，分析师需要考虑改变策略或寻找督导师的帮助。

玛丽（Mary）是一位26岁的职业女性，因为严重的抑郁和绝望而开始接受分析。她的社交生活很空虚，也难以维持工作功能。经过6个月的分析，她的大部分抑郁情绪已经缓解，工作效率也恢复了。我们的谈话则变得满是"狂风暴雨"，我怎么做都不对。我的干预给她带来了痛苦和羞耻感，分析工作集中在她对我的抱怨以及她在治疗中的绝望情绪上。

一年后，她又出现了经济问题，我们把治疗的次数从每周4次减少到每周2次。我很快就意识到她对我的抱怨停止了，而且她期待着治疗。我也意识到她的抑郁症复发了，她的工作效率再次受到损害。她与我的联结被打断了，分析过程也停滞了。我们想出了一个财务计划，这使得我们得以继续每周见面4次，她的抑郁减轻了，工作效率也得到了恢复，她再一次苦涩地抱怨起我对她的态度。虽然治疗现在又满是"狂风暴雨"，但我可以放松下来。因为我知道分析过程又重新开始，我们又一次联结上了。

玛丽的绝望来自早年遭到性骚扰时的感受，她已经学会了将它们从意识中屏蔽，因为绝望、痛苦和孤独是危险的，这些感受会让她妈妈很焦虑。玛丽很快就知道，如果她说自己感觉很好，就能和妈妈相处得更好。她能记得那些曾经发生过的痛苦经历，但不了解它们在情感上的重要性，为了保护自己，她把这些痛苦的体验减到了最低。现在，她有机会接触并开始处理那些痛苦的情绪了。

病人外部生活中出现的问题可能有很多原因，但如果分析进行得很顺利，而病人的生活中出现了一些挫折，那么分析师首先要考虑检视一下治疗关系。

情感状态的变化

病人说话时情绪表达的变化可能表明某些东西正在从潜意识中浮现出来。一位病人本来正在热情地描述一件事，但突然感到不安并且开始怀疑自己。当能抓住这种情感的转变，寻找这个变化开始前的刺激，探寻转变前的那一刻发生了什么，我们就能学到很多东西。比如，一位病人可能正在观察我的表情，察觉到我表情中的一些不赞成，接着就开始潜意识地贬低自己。对这种潜意识行为的探索，会揭示出某种病人在关系中与人相处的典型方式，当他感觉到或预期着对方的不赞成时，他便突然自我怀疑起来了。

布兰德沙夫特（1993）列举过他的病人马可（Marco）。马可是一位作家，每每取得成功后都会体验到抑郁。他系统地检视马可每次抑郁前经历的事件，帮助马可意识到当取得成功时，他最初总会感到骄傲和兴奋。接着，这种热情在没有被觉察到的情况下自动地转变为一种深深的悲伤。马可只注意到了抑郁的体验，没有注意到导致抑郁的过程。当马可意识到这个过程，意识到感情的自动转变时，他想起：

> 在12岁那年，马可写了一部话剧，邀请母亲在话剧上演的那天晚上来看演出。他希望母亲能为他高兴和自豪，但她反应平平、毫无感触。话剧结束时，马可走上舞台，看到观众在台下鼓掌，母亲仍然无动于衷，手放在身体两侧……
>
> 马可仍然在不由自主地继续体验着早年母亲的不感兴趣所带来的悲伤，这使他疏离了母亲……马可在话剧开始时的成就感被理解为一种顽皮，而他的反应就好像没有自己的思想、没有意愿、没有可信的经验。

为了保护与母亲的重要联结，马可在很小的时候就学会了隔离自己的骄傲与热情，因为感到骄傲会伤害他的母亲。当他开始意识到这个过程，意识到这些来自过去的声音仍然在他的内部运作时，他就能够发展新的关系。在这种新的关系中，他的骄傲和热情可以被肯定，而不是令他痛苦的回应。他找到了自己的声音。

观察病人的即时反应

自体心理学之外的实证研究结果可以帮助分析师判断什么时候应该和病人的体验待在一起，什么时候应该和病人对质。韦斯和桑普森（Weiss &

Sampson，1986）的工作表明，仔细监测病人对分析师干预的即时反应，能提供重要的线索，减轻分析师的许多压力。

韦斯（Weiss）是旧金山的一位精神分析师，他仔细研究了一份详细的分析性治疗过程笔记，寻找模式并发展出一种理论：病人潜意识中知道自己需要什么。他的理论还指出，病人的困难源自他们对危险的潜意识病理性信念，这些危险是在追求特定的发展性目标时产生的。放在病人当下的生活中来看这些可怕的信念是非理性的，它们的基础来自病人早年的关系经验。病理性信念的一个例子是："如果我变得更加独立、自给自足，那么我就会伤害我的母亲。"维斯说，病人会试着以一种帮助他们控制和掌握这些信念的方式来使用分析师。如果在这段新的关系中这些信念被推翻了，病人就可以自由地形成新的策略来实现其发展性目标。

韦斯认为，每个病人都带着一个潜意识的康复计划，这个计划必然会让分析师经历考验，一旦分析师通过了考验，就会推翻病人原有的病理性信念。在维斯的理论中，若病理性信念被推翻，病人就会好转；若分析师没能通过考验，病理性信念就被证实了，病人的病情就会恶化。

韦斯的研究表明，直接观察病人对干预的即时反应，就可以分辨分析师的干预方式是顺应病人计划的，还是违背其计划的。如果病人以更为大胆、直接和富有洞察力的方式回应着分析师，那么分析师的工作就是准确的。但是，如果病人的反应是涣散的、焦虑的、阻抗的，那么分析师就已经偏离了轨道。

面质还是不面质

仔细倾听病人并理解他们的经历可以让我们学到很多东西，但有时我所听到的内容让我担心，所以我想提出自己的观点——我们面临的挑战是以一种不让人羞耻的方式进行面质。当病人自我感觉不好时，指出缺点并不能让他感觉更好。

因为我试图保持安全，所以我往往会在理解模式中停留太长时间。38岁的班尼特（Bennett）是一名律师，他每天都以抱怨我从不对他说"早上好"开始分析。我知道自己对他说了早上好，但我想要和他的体验待在一起，而不是去面质我所体验到的他对事物的扭曲。每一天，我适应着他的观点，试着更大声一些说"早上好"，但他继续哀叹："我进来时，你从不说早上好，这让我快疯了。"

我很想告诉他："我说了早上好！你没听见吗？"我暗自思忖，他是不是在潜意识中需要拒绝我的问候，以此与我保持一定距离。我知道在更深层面上这样的诠释是准确的，但当时还在分析的早期，我相信继续贴近他的体验将会是更富有成效的做法。

然后我思索着在他对我的感知中会不会存在着某种主观上的真实性，并探索班尼特每天早上来做分析时没有收到我的问候是一种什么样的感觉。他说："感觉糟透了。这让我想起小时候每天早上在父亲房间外等上几个小时，直到他起床出门来。"班尼特的父亲经常工作到很晚，睡得也很晚。班尼特一个人在房间里待好几个小时，那感觉一定很糟。当父亲终于从房间里出来时，他也没有表现出任何迫切见到班尼特的样子。小男孩徒劳地在父亲眼里寻找着一些火花，一些认可他的迹象，结果却只有失望。

我意识到，因为我们的治疗安排在很早的时候，所以当和他见面打招呼时，我还没有完全清醒。虽然我说了早上好，但问候中没有一丝高兴或兴奋的火花。我们继续探索我的缺乏热情对他产生的影响：他不仅感到失望，还感到羞愧。他一直认为父亲的缺乏回应是他的错，是他作为儿子的失败，我的困倦也说明了他的缺陷。在了解了他的感受后，我会在治疗开始之前喝上一杯咖啡，他也开始能够从我的角度出发来看这个问题，认可我对他的问候，并且在我的早安下对我报以问候。

两年后，我只和他的体验待在一起的治疗姿态导致了一场治疗僵局和现实生活中的危机。班尼特因为在参加一次重要会议时迟到早退而受到了上司的批评，面对上司的不理解，他感到很无助。我固执地继续和他的体验待在一起，理解着有这样一个以自我为中心、不明白他的需要的上司让人多么令人沮丧、泄气。我期待当感受到有我这样一个盟友之后，他最终会自发地从上司的角度看到他行为中的挑衅意味。

班尼特的工作状况变得更加糟糕，他仍然没有意识到自己在加剧着这个困境，我开始担心了。我感到沮丧，治疗陷入了僵局，我坚持和他的感受待在一起的治疗方式没有起作用。我意识到我是在表达同情，而不是共情。因此，我改变了策略，向他提出了我对这件事的理解。我问他："你没有意识到迟到早退也是一种挑衅吗？"他若有所思地说："没有，但我早该意识到的！为什么我没有意识到呢？你为什么不早点提醒我？"

通过探索他的感受，我意识到他感到脆弱、困惑，迫切需要一个强大的、保护他的父亲。我重新适应了他的需要，明白了他希望我变得强大，可以与他面质并且保护他。我做了这样的诠释后，他说："现在你明白我的意思了，但我必须得先吃点苦头。"他觉得自己被理解了，分析的僵局得到了化解，接着他又想起了一些新的回忆——父亲在面对母亲的诱惑和侵入时的无助与被动。

在这一点上，单单和班尼特的体验待在一起是无法共情到他的，而且没有真正理解他的需要。这让他觉得我很弱小，于是也变得焦虑起来。陷入麻烦是一种体现出内在脆弱性的信号，表明他渴望调动他人的力量获得保护。他在童年早期就学会了这样的组织原则——在能够得到帮助之前，他要么伤害自己，要么进入一种敌对的体验中（Lachmann, 1986）。

对这些主题的阐释使他想起了一些有关早年学业困难的记忆。有一次，当一位老师了解到他的脆弱并给予关注和帮助时，他的学业有了显著改善；但另一次，有位老师把他误解为麻烦制造者，并把他的母亲叫到了学校。他的母亲感到不知所措，在老师面前表现得很是无助，班尼特当时感到极为屈辱。现在，他的那些经历就像一块块拼图一样组合到了一起，我们俩都更能够理解他了。

对于这个病人，在治疗开始时与他的体验待在一起是有效的。这让他觉得和我是盟友，可以自然而然地换到别人的角度上去看待问题。但两年后，只和他的体验待在一起的习惯让我们落入窠臼。我把同情和共情搞混了，也不理解他的需要。我把紧贴他的体验变成了一种规则，忽视了自己的直觉，也最终不再能与他同调共情。当我开始担心起来，转而相信直觉，从自己的角度去面质问题时，共情联结就重新建立起来了，分析过程重新开始。这一次，面质满足了他的需要，帮助他感到被理解。面质成了共情探索的模式，我对自己的直觉和自发性感到愈加舒适，这也让我放开了手脚。

精神分析师面临的挑战是如何以一种能够推进精神分析过程的方式与病人保持联结，关注我们做了什么、不做什么。共情的询问让我们可以评估和病人的体验待在一起时在发生着什么，当我们面质病人的体验时又在发生什么。问题并不在于是坚持贴近病人的体验、和他们的体验待在一起，还是面质病人，而在于探索选择了这些工作方式之后带来了什么影响。使用直觉，评估病人的外部生活，识别情感状态的变化，观察病人的即时反应，有助于让我们评估自己带来的影响并与病人保持联结。

第六章 阻抗

> 自由的历史就是反抗的历史。
>
> ——伍德罗·威尔逊（Woodrow Wilson）

传统精神分析假设病人具有潜在的、阻抗分析发现过程的动机，这种阻抗仅仅来自病人内部。迈斯纳（Meissner, 2006）谈到迟到时举了一个例子，他说："当迟到是偶然的……问题不大，尽管大多数人会认为……这是一个指针……即便是些许迟到也可能蕴含着动力的或防御性的主题。准时到场是病人的'责任'"（Meissner, 1992）。

当代精神分析对迟到的阐述体现了有关阻抗的另一种观点，虽然迟到可能是一种阻抗，但它也可能是一种发展性的成就，准时也可能是一种抗拒。在这个模型中，阻抗是一种二人现象。病人阻抗是因为他们预期会被分析师伤害或羞辱，而不是因为他们具有潜在的动力主题。阻抗是为了生存，而不是一种病理。

精神分析中正确的时机

我的个人分析是在经典精神分析视角下进行的,无论怎么努力试图做到守时,我仍极少准时到场。我的分析师说我在试图拥有全能控制感,这是一种对别人的操纵,是我潜意识攻击性的表现。我感到内疚,就好像我做错了什么。我认为他说的是对的,从不质疑他的假设。

我的分析师当时没能理解我承受着一种夸大责任感带来的痛苦,这是我很小时就学会的。我觉得自己必须把一天的时间都塞得满满当当的,如果提前到达咨询室,就会觉得自己在浪费时间。我在几个立场间左右为难:一边担心着浪费时间,另一边则是分析师希望我准时到场,我想要取悦他并显得自己很成熟。只有当我能够完全准时抵达现场时,才感到安全。

我在治疗中的迟到并不是在试图进行全能控制,也和我的分析师没有任何关系——这是我的系统正在崩溃的表现。我的愿望是做个好孩子,做别人期望我做的事。我相信满足别人的需要是生存的必要条件,但不幸的是我有太多主人了。

布兰德沙夫特(Stolorow,1987)描述了一个病例。几年来,他的一位病人常常迟到或者干脆错过整节治疗,有时长达6周。布兰德沙夫特面质这位病人,病人对他说:"你可以坚持让我准时来,好让你避免失控……但不管我是否准时来,别搞错了,我的根本个性不会改变!"。布兰德沙夫特逐渐理解了病人的长期迟到行为,"在那段时间,那是他用来建立和维持自我界限,以抵御持续不断的侵蚀和入侵的唯一手段"。从病人的角度来看,这是一种生存机制。

自体心理学改变了我对阻抗的看法,帮助解决了我与埃丝特(Esther)工作时遇到的一个僵局。埃丝特是一名32岁的职业女性,因人际关系中的冲突而前来接受分析。她爱上了两个男人，两个人都想娶她。埃丝特在两个男人之间摇摆着——这两个人她都爱，也为他们各自的优点而纠结。经过一年的分析，埃丝特尴尬地告诉了我她的第三段感情，她和上司发生了婚外情。

埃丝特拿不定主意，因为她不知道自己是怎么想的。她觉得自己必须成为别人期望的样子，她所接受的教育让她相信拥有和追求自己的需要是自私的，在分析期间，埃丝特总能准时赴约。

当发现、探索和理解这个信念时，埃丝特开始觉得她有权对包括我在内的其他人说不，并考虑一下她自己想要的是什么。她停止了和上司的婚外情，和其中一个男人越来越疏远，和另一个越来越亲近。这段关系发展得很好，最终形成了一段幸福的婚姻。

埃斯特现在开始迟到了。我用经典精神分析的方式进行思考，对她使用我的分析师与我工作时采用的做法，把迟到诠释为一种阻抗，把它理解为这是她在对我表达一种潜意识的愤怒。埃丝特被这样的诠释伤害了，但当她试图顺从时，生命力从她身上流走了，她变得焦虑，我们失去了亲密的联结。

迟到的情况在加剧。有时埃丝特甚至错过了整节治疗，分析陷入僵局。当我终于意识到，我一直在试图让埃丝特从我的角度看问题，而没有理解她的体验时，我试着不再以自己的体验为中心，而是把自己沉浸到她的体验中去。我明白了，埃丝特的准时是因为她觉得必须遵守我的规定，但现在她把自己定义为与我不同的人，她正在发展一种自主意识。她正在了解自己是谁、需要什么，迟到是她在用自己的方式照顾着自己。

我在无意之中让她重新体验了一次与父母的早期关系。在这种关系中，她不得不自动地、潜意识地顺从他们的期望，以此来维持他们给她的支持。因为她认为关系就是这样的，所以她从来没有想过要与我面质，或者反对我所做的诠释。她尽了最大的努力来顺应我，并且感到自己被禁锢住了，就像在所有其他关系中一样。她认为我要求她准时到，而只有做到我才会继续给予她支持。我基于精神分析传统所做出的诠释让她羞愧，也让我们两人疏远了，并且干扰了她发展中的自体感。

渐渐地，我的理解和诠释发生了变化。我告诉埃丝特，在这段时间她做出了对自己来说最好的选择，并且相信我能照顾好自己。如果情况紧急，她可以决定先留在办公室完成自己的工作，或者也可以前来治疗和我聊聊。无论是哪一种，我们都能继续保持联结。

埃丝特恢复了活力，她的勇气和信心增强了，我们关系中的裂痕也得到了修补，分析的动力又恢复了。我们理解了她是如何被教育为认为自己的责任就是要照顾好父母，而不是照顾好自己的。她认为照顾好别人是她的责任，如果想要照顾自己，唯一的方法就是从关系中退出来，独自一人待着。

她需要学习一种新的与人相处的方式，既可以做她认为对自己最好的事，同时还能感受到我的支持。在这个案例中，迟到是一种发展性成就，而不是阻抗，这是埃丝特新发展出来的自主意识的表达。我的工作是欣赏和诠释埃丝特在这个阶段的自体发展，当我这样做了之后，她感到更强大，获得了信心，在外部关系中也变得更加坚定。

挑战在于与病人保持联结并且信任分析的过程。在另一个案例中，埃里克（Eric）远不只是一个挑战。他是一位36岁的精神科医生，因为婚姻关系紧张而接受精神分析。经过6个月的分析，他和妻子相处得更好了，他消除了自己对于要一个孩子的恐惧。然而，他开始迟到。一开始他只迟到5～10分钟，但逐渐发展到直到最后5分钟时才出现。他解释说自己在来的路上接到一个电话，等讲完电话就已经迟到了。

我把这个案例呈报给同事们，他们告诫我应该进一步探寻对方的迟到行为。他们认为，从传统的观点来看迟到是一种阻抗，埃里克是在把自己潜意识的愤怒付诸行动。他们说，我没有对迟到加以诠释，是在与病人的阻抗同谋，他们怀疑我是不是害怕自己潜意识中的攻击性，于是进入了一种反移情阻抗中。

尽管我的同事们批评了我,但是我仍然没有做任何诠释。虽然我不明白迟到的含义,但我相信这在某种程度上帮助了埃里克,迟到的含义会随着时间推移而变得清晰。我等待着。

又过了一年,有关他母亲的新记忆浮出了水面。他回忆到母亲喜欢吹嘘一件事:在他还是婴儿时,她从来不用换脏尿布——母亲用栓剂控制他的排便,要求他顺从她的意愿,他也的确是这样做的。

随着这些洞见出现,以及他与我之间的新体验,埃里克的自信心和自我价值感得到了提升。他开始对自己的需要有了认识,也开始发展出一种能力,意识到自己有权利为自己做事,而不必觉得自私或者伤害到了别人。埃里克现在准时前来做治疗了,事实上他会在去我办公室的路上给自己买一块糕点和一本杂志,还会早到一会儿,以便有时间放松地吃点东西,看看杂志。有一天,我发现他来早了,就请他进来。这是我当天的最后一节治疗,我想我可以早点儿开始,早点儿结束,给自己留点时间。

埃里克很愤怒:"你怎么敢这样做!"他说我打扰了他的休息时间。当我解释说我认为早开始早结束会很好时,他爆发了:"你认为这对你有好处!"他抱怨我在利用他的时间来达到自己的目的。我告诉他,他说的是对的,我没有意识到他提早到来的重要意义,我会尽力不再犯同样的错误。

我和他母亲一样利用他来满足我的需要,但我又和他的母亲不一样,我倾听他的抱怨,认真对待他的想法,埃里克觉得自己得到了承认。看到他现在可以自由自在地表达愤怒,我觉得自己的工作得到了肯定。

虽然当代的分析师们拓展了我们对阻抗的思考,但他们拒绝改变自己对时间的看法,并继续抨击迟到。比如,在我督导的一个案例中,一位35岁的男性病人在开始分析后不久就频频取消治疗,并在治疗中迟到。分析师和我都知道病人是在害怕他与精神分析师新近发展出来的亲密感。

在我的支持下，这位分析师巧妙地对病人的恐惧表示了理解和尊重。当病人因为汽油用完或其他汽车问题而错过治疗或迟到时，分析师仍然对他的困境报以同情，理解他沮丧的心情。病人感到分析师尊重他的界线，感到和她在一起很安全。他回忆起小时候母亲用缰绳把他绑在马具上，用这样的方式来控制他，防止他乱跑。和这位分析师在一起时，他感到了一种全新的自由感。病人和分析师在一起工作得很好，病人也在进步。

分析师和我开始理解病人的迟到是一种考验——精神分析师会像他的母亲一样焦虑和控制他，还是会信任他，让他逐渐自发地克服恐惧？尽管病人的出席率和准时性仍然时断时续，但他在外部关系方面取得了进展。比如，他开始在人际关系中感受到了亲密感，他正在好转。

这位分析师随后在精神分析学院的案例研讨会中介绍了这个案例。她的同学和老师都批评她，说她是在纵容病人的行为，认为她应该面质他的迟到并诠释他的阻抗。他们认为他的迟到和缺席是为了逃避分析，是潜意识中敌意的证据，是对分析师的蔑视。

在这样的批评下，这位分析师有了改变工作方式的压力。她失去了自己的观点，不再看重自己之前治疗中与病人的体验，而是认为自己应该面质病人潜意识的愤怒。她开始挑战他的迟到，并质疑他的借口。她想知道为什么那个时候他的汽油用光了，问他为什么不早点把车修好，她想知道他到底想传递给她什么信息。

她的病人感到被这些问题伤害了，他说自己已经尽力了。他感到被治疗师推开，胃痛和头痛的身体症状也再次出现了。他的工作中有了一个新的商机，需要他投入更多时间，于是他停止了分析。

在同侪压力下，这位分析师失去了自己的观点。在不经意间，她和病人一起重新经历了病人早期的创伤——被他的母亲控制并束缚着。他感到不安全，但还没有达到能够意识化这些感觉并用语言表达出来的程度，他不得不离开治疗以保护自己。

当我思考着这位分析师面对改变自己对时间的看法的阻抗时，我开始意识到自己的阻抗。我喜欢病人准时来，这让我感到安心，也让我感到充满希望。当病人来晚了，我就着急，担心自己是不是错过了什么，或者是不是有哪些工作没有做好。

我想让学生们学会相信自己，有耐心，耐得住不确定性和模糊性，并意识到自己和病人正处在一个过程之中，就像瑞尼可（Renik）所说的："学习是通过一系列不经意的、矫正性的情感体验发生的，病人和分析师磕磕绊绊地走在这条道路上，这条道路的基础是他们两个人的潜意识动机"（Renik，1996）。

病人的迟到是有原因的，他们的准时也是有原因的。这些原因并不是一种病理情况的体现，而是一种帮助自己的尝试，帮助自己活下去。有一位分析师告诉我一定要小心，无论我许下什么愿望都有可能会实现。他说："当我的病人们纷纷开始准时前来治疗后，我发现原先在等他们的时候可以完成的工作，现在都很难找到时间完成了。"

第七章　控制掌握理论

> 秩序和简化是掌握一门学科的第一步——真正的敌人在于未知。
>
> ——托马斯·曼（Tomas Mann）

在1986年，韦斯（Weiss）、桑普森（Sampson）和锡安山心理治疗研究小组发表了《精神分析过程：理论、临床观察和实证研究》（*The Psychoanalytic Process: Theory, Clinical Observation and Empirical Research*）一书，凝聚了14年来各项实证研究的巅峰。在该书出版以后，旧金山的同事们邀请我去参加一个研讨会，讨论书中提出的理念及研究。从那时起，一场相互合作便开启了，我一边教同道们有关自体心理学的内容，一边也深深地沉浸在他们的研究中。"控制掌握理论（Control Mastery theory）"在这段时期慢慢进入精神分析文献中（Eagle，1993；Silverman，1989）。

研究团队获得了一份C夫人接受精神分析的完整录音和几个小时的过程笔记。与C夫人进行治疗的这位分析师对韦斯以及他的理论一无所知，他将分析记录下原本是为了自己做研究。这位分析师是以经典模型为基础展开工作的，他认为这段已经结束的分析取得了成功。研究小组阅读了这些材料，并对病人的潜意识计划及致病信念进行了概念化。

潜意识计划的概念化

一组研究人员阅读了治疗开始阶段几个小时的记录，对病人的"潜意识计划"进行了概念化。概念化有4个部分：推断病人的目标、推断阻碍或致病信念、预测治疗师将接受的考验，以及预测对病人有帮助的洞见（Curtis，1988）。①

在概念化后，研究人员查看了记录文本中分析师的干预样本。在不知道病人反应的情况下，研究人员对每一种干预措施从"支持计划（pro-plan）"到"违背计划（anti-plan）"进行了度量评分。

第二组研究人员对计划的概念化或分析师的干预一无所知，他们只看记录中"病人的反应"这部分，按照从"大胆、强大、有洞察力"到"弥散、焦虑、阻抗"的等级反应进行评级。结果显示，"支持计划"的干预措施与被评价为"大胆、强大、有洞察力"的病人反应在统计学上显著相关，而"违背计划"的干预措施与"弥散、焦虑、阻抗"反应相关。

评 估 反 应

研究表明，通过直接观察病人的即时反应，可以判断分析师的干预是支持还是违背病人的计划。比如，当分析师的行为或干预推翻了病人的致病信

---

① 以控制掌握理论为工作基础的治疗师（Control Mastery therapists）需要在最初的几节治疗中推断出病人的计划，并用概念化来指导自己的诠释。而我更喜欢"边做边看"的探寻方式。病人的行为是有很好的理由的，通过观察他们对我的干预措施的反应，我相信他们的计划会随着时间推移而变得愈加清晰。

念时，就会出现"支持计划"的反应，病人的即时反应是：更加大胆、强大和富有洞察力。当分析师确认了病人的致病信念，就会出现一个"违背计划"的反应，病人的即时反应更弥散、焦虑和阻抗。

如果病人抱怨治疗没有进展该怎么办？仔细留意病人的情绪状态和整合程度，而不仅仅是他们说的话，通过情绪状态可以判断这是一种进步还是倒退。如果病人以更加焦虑和支离破碎的方式在抱怨，那么分析师的做法就是违背计划的，说明需要做出改变。然而，如果病人之前感到混乱无序，现在则是在以一种更为大胆、强大、整合的方式在抱怨，那么分析师所做的就是支持计划的。把这个过程理解为"这只是一个考验"将有助于分析师保持冷静（Weiss，1993）。

另一方面，病人会同意分析师的解释，可能是因为这种解释适合他们，也可能是出于顺从。如果我的病人顺从我，他们的生命力就消失了，他们看起来很被动，我也感到和他们失去了联结。这种弥散和失活表明我一直在违背病人的计划；如果病人表达同意时是大胆有力、充满活力的，这就表明我之前的做法一直在支持着他们的计划。

病人的考验

韦斯指出，病人会在潜意识中考验他们的治疗师，以此来确定自己安全与否。若治疗师通过了这些考验，病人就会体验到安全感，潜意识的内容随后会自发地出现在意识中（Gassner，1982）。分析师不需要进行特别的活动或诠释。

> 病人从治疗开始到结束都在考验治疗师。他非常想知道治疗师对自己的计划会有什么反应。治疗师是会反对他的目标，还是

会对他富有共情,并鼓励他去追求这些目标?治疗师识别并通过考验的能力是治疗的核心,治疗的成功与否可能正是取决于这一点。(Weiss,1993)

这种思维方式对我与乔安(Joan)的治疗很有帮助。乔安是我的一个病人,在开始分析的前6个月里都非常准时。接着她开始迟到,经常迟到10分钟或20分钟,每次迟到后都不停地道歉。起初我以为这是一种阻抗,我把这样的想法说了出来:这样频繁的迟到是不是在表达一种对我潜在的愤怒。她因我的这种说法而受伤,觉得我在批评她。她渐渐变得灰心丧气,我们的治疗联盟中断了,治疗陷入了僵局。

然后我了解到了有关致病信念的理论,意识到她的信念是:如果她表现出自己能够独立了,就会伤害到我。这就是她的考验,而我却表示她的迟到伤害了我。我没能通过这个考验,这让她感到很焦虑。现在我明白了,她之前的做法是在努力培养自己的个体性,不再做一个听话的好孩子。我的态度改变了,不再把她的迟到当成是对我的愤怒,也通过了她的考验。她的情绪好转起来,恢复了信心,我们的治疗联盟得以重建。

我明白了她的感受,并向她诠释迟到是因为她在忙着照顾其他事情。这是她第一次为自己做事,而不再只是为别人(包括我在内)。她的致病性信念是:为自己做一些事情是自私的,会伤害到别人,她没有权利只为自己做事。她的潜意识考验是:照顾好她自己,看看这样做会不会伤害到我。

当我把她的迟到理解为指向我的愤怒时,我就没能通过考验,这让她再度确认了照顾自己会伤害到别人。当我理解了这是她在自由地决定如何管理自己的生活,决定是要先留在办公室完成工作还是前来治疗,我就通过了考验,她的致病信念也就被推翻了。

韦斯描述了两种类型的考验:移情考验(transferring tests)和被动转主动

考验（passive into active tests）。在移情考验中，病人预期分析师会和早年照顾者一样出现某种创伤反应。敏感的分析师很容易就能通过这种考验，当病人预期自己会被分析师批评或贬低时，分析师却是以一种承认的、肯定的方式来回应。认真地对待病人，可能就足以推翻病人的致病信念，让病人知道自己的抱怨是不会伤害分析师的，也可能在移情的自体客体维度上满足病人对于认可的发展需要（Stolorow & Lachmann，1980）。

当病人认同令其受到创伤的父母，从而使分析师在咨访关系中也体验到了类似于病人在童年时所经历的虐待时，所发生的就是被动转主动考验。比如，一个病人在成长过程中受到批评和羞辱，在试图控制和掌握的过程中，他会时常潜意识地、微妙地激怒和贬低分析师，同时仔细观察分析师的反应。如果分析师的行为开始变得伤人或防御起来，病人的信念就将得到证实。病人将继续相信，他应该以满足分析师的需要为中心，并将继续感到脆弱、认为万事皆该由自己负责。然而，如果分析师在攻击中幸存下来，能够照顾好自己，不责怪病人，那么致病信念就会被推翻。当病人能够看到分析师是强大的，并不脆弱，病人就会在掌握潜在脆弱感的过程中认同分析师的力量。[①]

对治疗师来说，被动转主动考验比移情考验更有压力：

> 当病人移情时，他赋予了治疗师父母的权威，所以治疗师往往会感到相对安全。然而，当他从被动转变为主动时，病人就承担了带来创伤的父母的角色，治疗师可能会感到相当大的压力。（Weiss，1993）

---

① 韦斯认为，分析师可能会基于错误的原因做出了正确的事情。在阅读了C女士的案例中分析师本人的过程笔记后，韦斯相信，尽管病人在治疗中取得了进展，但事实上分析师的许多诠释与病人是不同调的。分析师的人格和态度中的某些方面让他通过了病人给出的一些重要考验。

当我感到被病人虐待时——被轻视、被贬低、被不当回事——如果我能考虑到自己现在是被动转主动考验的对象时，我经常会这样说："我能更清楚地理解你所说的、在成长过程中所感受到的虐待了。"我的反移情感受与微妙的、潜意识的沟通有关。病人往往敏感而富有直觉，他们可以自动地、在潜意识中感知我的弱点，并运用对这些弱点的觉察来给予我考验。

比如，如果我有"做一个对别人有帮助的人"的需要，我的病人可能会感觉这一点，并开始体验到无助。如果我的反应是更努力地去帮助这位病人，想要"解决"他的问题，那么我的病人可能反而会因此变得焦虑。相反，如果我试着理解这种无助的感觉，探索潜在的脆弱，我的病人可能会感到更坚强。

我努力让自己变得对他人更有帮助，部分原因是自己内心的压力——我想表现得更出色、更高效。当听到病人抱怨无助和焦虑的感受时，我感到内疚。身为一名治疗师，我感到自己是无能的，认为自己没有做好分内工作。那些在成长过程中感到要为父母的焦虑负责的病人，以及那些觉得自己有责任处理好父母的问题的病人，会因其他人的焦虑而体验到非理性的内疚和责任感。当他们感受到类似的内疚和责任感时，他们就会自动地表现出无助并搅动我。当我也以内疚感来回应，更努力地去帮助他们时，这就证实了他们的致病信念。如果我认为我要为他们负责，他们就会继续认为他们要对父母负责，也就会变得更焦虑。然而，当我能够保持冷静、继续探寻时，病人就可以安心了：因为当他们看到我并不觉得必须要处理好他们的问题时，他们也就感到也许自己不必有如此大的压力非要去处理好别人的问题。

韦斯认为致病信念可以通过体验和洞察直接得到修正。因为致病信念令人恐惧、使人衰弱，病人具有潜意识的动力想要改变它们，并且积极主动地寻找能证明这些信念不正确的经验。

潜意识的内疚

在讨论致病信念时,韦斯详细阐述了内疚感的概念。比起自体心理学,他把潜意识的内疚感摆在更为核心的位置上,并将其与潜意识致病信念联系起来。布什(1989)曾对他做出的贡献做了如下总结:

> 非理性的潜意识内疚感源自对自己做了坏事的、扭曲的潜意识信念,这种信念的根本内涵是认为自己对一个特别依恋感或责任感的对象,比如父母、兄弟姐妹或孩子……做了伤害性的事情,或是不忠诚于这个对象。(这种内疚的模式)强调的是在内疚的体验中最深层的潜意识层面,个体对于自己对他人造成伤害的恐惧。

韦斯描述了两种类型的内疚,分离内疚和幸存者内疚。基于早期的创伤经历,而不是潜意识的驱动力,儿童会形成这样的信念:分离或自体个体化会伤害父母(分离内疚);或是他们为自己争取到的任何东西都以他人为代价(幸存者内疚)。自体心理学家对于帮助我们理解分离恐惧,以及儿童会在何种程度上保护自己、避免失去与照顾者的联结,做出了很大的贡献(Kohut, 1984; Stolorow, 1987)。韦斯又增加了另一个维度,他相信儿童也会因为对照顾者的爱和忠诚而产生冲突。比起失去父母,儿童更害怕的可能是伤害父母。

我相信,这两种冲突——害怕失去和害怕成为坏孩子或不忠诚的孩子——彼此之间有一种"图形-背景(figure-ground)"的关系。有些时候,害怕失去更在前景之中,比害怕不忠诚更甚。有这样一个例子,一个病人在表达对我的批评时非常挣扎。我对此的诠释是,她害怕如果告诉我她的抱怨,她就会失去我。"我并不是害怕失去你!"她说,"我知道你会和我一起坚持下去，但我不想让你觉得我很坏。"然后她告诉我，她对母亲的抱怨导致母亲指责她"邪恶"，母亲看到了她内在的"魔鬼"。在另一次分析中，她不太愿意告诉我她的一些批判性感受，因为她害怕我会感到受伤，并因此远离她。这次她并不担心我会认为她很坏，而是害怕失去与我的联结。

精神分析师面临的挑战，是在与病人保持联结的同时协助精神分析过程中的材料有序地展开。如果病人感觉不到与我们的联结，我们所有的诠释——无论多么高明——都将不起作用。

第八章　与绝望联结

> 这是一个精神压抑且悲伤的时代,不知道为什么,过去似乎是暴风席卷之后的荒凉,生活是一种虚荣和负担,而未来只不过是一条通向死亡的道路。
>
> ——马克·吐温(Mark Twain)

安吉尔(Angel)令我担心。她是一个19岁的大学生,身材苗条,很有魅力。室友发现她在发动着的汽车后座上睡着了,在那之后她来找我做了第一次分析。这一次的自杀未遂并不是因为抑郁,而是因为她觉得自己出了问题,她感觉自己不属于这个世界。"我的想法出了问题,"她说,"我需要帮助。"

在这个富有挑战性的案例中,我用了控制掌握理论(control master theory)和自体心理学的概念来帮助我与她的绝望保持联结。分离内疚(separation guilt)是控制掌握理论的核心概念,是阻碍安吉尔实现自体个体化的主要因素。缺乏情感上的整合——这是自体心理学的核心概念——阻碍了她理解情感需要的能力。安吉尔需要我调整到她的频道(与她同调),由我来说出她的情感状态——这是一种自体客体功能。她在潜意识中需要让我接受考验,以这样的方式帮助她化解分离内疚。

治 疗 历 程

与发展停滞的年轻人进行高频工作，通常能在短时间内取得很大进展。我与安吉尔的分析仅仅持续了5个月，我们建立了良好的联结，她在第一次会面中就感到了被理解，所以我们决定每周见5次。然而，我们的联结在第一次的周末休息后就消失了，接下来一周的会面让我感到沮丧和焦虑。她会谈论任何我想知道的事，我想了解她，想知道她想要的是什么，但她表示自己没有任何愿望。我找不到和她重新联结的关键点，我的焦虑加剧了，因为我认为她随时可能会在没有任何预警的情况下自杀。

两个星期后，我意识到她是在保护自己，因为她感到脆弱，害怕信任我。我试着告诉她我的挫败感，感到与她没有联结，听到这些后她放松了。我主动与她分享了我的感受，这使她不再认为自己必须独自一人扛下所有。我问她，与家人和朋友没有联结会不会让她感到悲伤、孤独和痛苦。她对我所说的"悲伤""孤独"或"痛苦"的反应是："那种感觉不好。你不想要我有那种感觉。"她曾经认为这些感受很危险，所以早就把它们隔离了起来，但是现在她可以体验并整合这些感受了。

她说，她意识到一直以来自己的生活都单调乏味、受到束缚，也认为走出这座自我限制的牢笼的路还很长。她告诉我，与人相处时那种难为情的感觉常令她手足无措，和别人在一起时，她常常屏住呼吸。这些原本自动化的行为现在变得有意识了。

当她开始表达自己的个体性时，我发现自己经受了一系列自我主张考验（self-assertion test）*。比如，她在一次治疗中举步维艰，抱怨我没有帮助她"起

---

* 来访者通过坚定或直接地表达自己的立场、看法、主张等来考验治疗师的反应。——译者注

步"。她说:"你至少可以在我进来的时候和我打个招呼。"接着又为自己的粗鲁道歉。从我的体验来看,她所认为粗鲁的行为是一种生涩的自我主张。我推测她想要克服自己那种"如果表达了自我就会伤害别人"的感觉,于是问她刚才之所以向我道歉,是不是因为感到在坚定地表达自己观点时伤害到了我。她的回答大胆而富有洞见:"照顾自己是卑鄙的(mean),这让我感到内疚。"我的诠释帮助她推翻了"表达自己的主张就会伤害别人"的信念。

之后,她征求我的许可脱下鞋,盘着腿坐下,拿出带来的一杯软饮料。我对她的这些请求做了诠释,认为她感到压力,这份压力感推动着她想要弄明白我对她的期望,好去顺应。她意识到自己在家人和朋友面前会觉得要做"正确的事"的压力,并且会因为没有顺从他们而羞耻。她担心会伤害到我,因为她认为如果照顾好自己,就会伤害她的母亲。然后她意识到,她自动化地、不自觉地觉得照顾别人是她的责任,即便代价是牺牲自己。她想,一定是她自己出了什么问题,因为她总是做得不够好,人们总是需要她更多的帮助,而她已经到了无法给予更多的地步。她相信自己不属于这个世界,绝望地想要解脱,于是决定自杀。

当我系统地诠释了她在移情中的分离内疚,比如她觉得与我意见不一致的话会伤害到我,她就对自己变得更加自信,意识到自己有雄心抱负、有目标,也有追求这些目标的权利。她变得不再那么顺从,开始更多地与朋友接触。令她吃惊的是,人们的反应很正面。对朋友说"不"是一种新的体验,"就像从我身上卸掉了一大块泥!"她说。

她现在感觉自己更强大了,于是又对我提了一些私人问题,比如我住在哪里,多大年龄,有没有孩子。我很欣赏这些问题,认为这些问题是她新获得的勇气的一部分,而不是打扰,我毫不犹豫地回答了每个问题。在告诉我她不喜欢我的一幅画后,她变得焦虑起来,害怕表达自己的想法和意见,害怕如果与我的思维方式不一致就会伤害到我。

她变得更有自我觉察了，意识到与朋友变得多么疏离。她说每个人都期待她倾听他们的问题，但没有人向她伸出援手。她说："人们都希望我成为窝里的母鸡。""在上一次生日聚会里，就算我并不在场或者已经死了，对他们来说也根本不重要。"

当她描述另一个令人恼火的情况时，我指出她的抱怨听起来带着歉意。她回忆起在成长的过程中抱怨是一件多么不好的事，而且家人也不允许她抱怨。她从中理解到的信息是，无论是抱怨还是表达任何痛苦情绪都会伤害到别人。经过第一个月的治疗，当朋友问她发生了什么事时，她已经可以谈起自己的自杀企图了。她对自己的感受有了更多了解，她感到更能控制自己，不再那么害怕，希望又回来了。

现在的生活让她兴奋不已，经过3个月的治疗后，她想把频率减少到每周3次。她解释说，我们的会面对她来说是一块"试金石"，一个她可以整合和集中焦点的地方，但她希望在治疗之前有时间思考一些事情。与我保持联结不再是个问题；即使经过周末的休息之后，她也可以从中断的地方重新开始。我把这当作一次考验，考验我会不会要通过她来实现我在治疗上的抱负。我明白她想看看自己能做些什么，而不是事事都要先和我讨论，我觉得这个主意值得一试。随着自信的增强，她继续发展新的关系，并且有了新的互动以及亲密和富有活力的体验。接着，她开始取消和错过治疗会谈。

我把错过治疗理解为一种考验，看我相不相信她能掌握自己的生活，我会不会像她母亲那样需要通过她来满足我的自恋需要。然而，某次在一整个星期既没有见到她也没听到她的消息后，我变得焦虑起来。我开始怀疑自己的评估，并给她打了电话。我的电话是在她睡着时打去的，她很生气，说："我身体不舒服，你想让我过来吗？"我表示无意打扰你，但在想是不是存在什么误会。她否认了，但下一次治疗也没有赴约。那天晚些时候，她给我留言，为自己的粗鲁行为道歉，抱歉没有给我打电话取消治疗。

在下一次会面时,她焦急地问我是否还愿意接受她这个病人。我说我打电话是因为我感到焦虑,不是想给她压力。当听说她身体不好的时候,我意识到她是在照顾自己,并不是去了某个地方尝试自杀。我接着补充道,我并不认为她会自杀,但我还没有那么了解她。她同情地说道:"你没法时刻都很确定。"并为浪费了我的时间而内疚。我解释道,她有责任为治疗时间付费,但这段时间是属于她的,她可以用任何她认为最好的方式来使用这段时间。她心情舒畅起来,说道:"我觉得这是一个我不必担心的地方。"我说我们的目标是让她能够照顾自己,而且在照顾自己的时候不用担心先要照顾我,或者先要照顾他人。当她从最开始的焦虑变得舒畅自信时,我安心了。虽然有一次考验我没有通过——打电话给她的那次,但我通过了她的下一次考验——她害怕我会因为她的不顺从而排斥她,我们重新建立了治疗联结。

在接下来的几周里,她断断续续地来赴约,只有几次打了电话过来取消治疗。然而,她的洞察力和自信在继续绽放着,她继续经历着新的、有意义的体验。她和母亲的关系也得到了改善,她们建立了牢固的联结。

我去度假了,我不在时她表现得很好。之后,她问我可不可以把会面频率减少到每周2次,她解释说:"有一个危险区,那段时间我的想法会不太对头;还有一个现实区,那是一个发现和学习新事物的时期。"她已不再处于危机中,也在持续学习着新事物,确信自己的进步会继续下去。她问我怎么想,我说我不知道什么才是最好的,但我会鼓励她跟随自己的直觉,看看会发生什么。如果情况继续好转,那就是个好迹象。如果出现问题,我们还可以重新评估降低频率的这个决定。她想起了自己在高中时不快乐、害羞、不自然的经历,想着如果那时的她感觉像现在一样好,她会做些什么。

她准时来参加下一次治疗,但发现自己很不情愿,并为此感到困惑。前来治疗的感觉已经不一样了,她问我为什么她不想来。为了找到一个突破口,我想知道我们上次的谈话中有没有什么让她苦恼的部分。她予以否认,我说也许是她最初前来治疗的原因已经不再适用了。也许是时候重新评估我们的工作目标，重新审视我们的选项了。

她问我有些什么选项，我说一个选项是休息一下，她自己待一段时间，之后再回来与我一起回顾她在这段时间中的体验；另一个选项是改变我们目前治疗的焦点，探讨一些潜在的议题。考虑到她的询问是一种阻抗，我说我会鼓励她继续治疗，探索潜在的议题，特别是如果她希望有朝一日成立家庭，且孩子能有更好的体验的话。这对她来说是有道理的，但她不想生孩子，而且她非常大胆地说不想去看潜在的问题。她想休息一下，但也担心如果停止治疗，她就不能再回来了。

我仔细地关注着她当下的反应。当探讨继续治疗的想法时，她的情绪变得更加弥散且焦虑不安；当探索休息一段时间的想法时，她变得更加大胆和自信。根据她的反应给出的提示，我同意结束治疗并在6周后会面，再做一次评估。

她按时赴约，并报告了持续的进展。她抱歉地说自己并没有想念我们的治疗。我解释道，她害怕自己的独立和自给自足会伤害到我。她立刻自信起来并报告说自己终于用语言向室友表达了不满，而他们的关系反而改善了。她还报告说，她感到自己足够强大，戒掉了严重的烟瘾（她从未和我讨论过吸烟的习惯）她的父母也改变了，开始重新思考起了自己的人生观——他们在向她学习。

她记得，初中时自己开始学"做淑女"，从那以后她就不再放声大笑了，她担心别人会觉得她很奇怪，觉得自己身上有些地方让人反感或不吸引人。现在她很开心，常常大笑，不再满脑子想着别人会有什么反应。她很高兴自己不再认为她身上有什么不对劲的地方，也想结束治疗。4个月后，我收到一张圣诞贺卡，上面写着："最近一切都很好，我兴致盎然地期待着新的一年。非常感谢你的帮助，你帮助我开启了人生的巨大改变。我感觉比以往任何时候都要好。"

讨 论

总的来说，我暴露了我的沮丧感，这让她明白我会和她一起努力，而不是让她自食其力；她有一个致病信念，即她无权寻求帮助，一切都必须靠自己，这个信念被推翻了。她感到足够安全，于是可以进一步考验我——向我表达自己的个体性，同时仔细观察我的反应。移情考验是她预期如果不顺从我的期望，那么我就会像她母亲那样疏远她。被动转主动考验是她像母亲曾经疏远她一样疏远我，看看我会不会像曾经的她那样焦虑。当我焦虑地打电话给她时，我就没能通过那个考验。她在接下来的那次治疗中又焦虑又顺从，预期着我不再想要她这个病人了。没通过考验并不是技术上的错误，而是在任何治疗中都会出现的、不经意发生的中断，也是进一步深入审视的机会。"没有通过"并不是指分析师做错了什么，而是指病人的感知。在自体心理学中，这被称为"共情失败"；在控制掌握理论中，这被称为"未通过考验"。

结 论

我相信，经验丰富的治疗师从不同的理论观点出发，凭直觉推断着病人潜意识中的计划并通过考验，推翻他们的致病信念。这样的治疗师也会在潜意识中为病人提供自体客体功能，帮助他们克服发展上的阻碍。

当治疗进展顺利时，治疗师可以相信自己的理论和信念，但当治疗陷入困境和僵局时，就可以借鉴一下其他理论视角，以获得帮助。在经典理论中，治疗僵局被视为"负向治疗反应"，分析师只把它理解为来自病人内部的、各种力量的显现（Brandchaft, 1983）。在自体心理学和控制掌握理论中，僵局被视为主体间场域出现问题的结果：要么是分析师没有从病人的角度出发看见某些东西，要么是分析师没有通过病人的考验。分析师需要进一步把自己"浸泡"到病人的主观世界中，或者更准确地推断病人的计划。

自体心理学贡献了大量有关病人的文献，包括病人对害怕丧失、害怕被拒绝的挣扎，以及他们需要维系与重要客体的联结。然而，有时候，比起害怕失去爱的客体，对病人来说更为重要的是害怕伤害爱的客体。控制掌握理论的有益贡献是对"分离内疚"和"幸存内疚"概念的探讨。

自体心理学的根本在于理解了在情感整合的发展过程中自体客体的情感同调功能（Shapiro, 1991；Socarides & Stolorow, 1984, 1985）。情感整合的一个方面，是个体识别并用语言表达内心感受和状态的能力。儿童语言的发展有助于他们处理痛苦的感受，情感整合发展中的障碍会使个体容易感到被情绪上的张力及由此产生的混乱、分裂或痛苦所淹没，被这些情绪压制得动弹不得。

安吉尔的自杀企图是一种绝望的尝试，她试图把自己从这种痛苦中释放出来，从这种难以忍受的、无情的奴役感中解脱出来。我说她就像新罕布什尔州的公民一样，该州口号是"要么自由生活，要么死亡！"

对于有些病人来说，如果我对他们想要降低治疗频率或者终止治疗的想法表示理解，会导致焦虑。他们会感觉我不想要他们了，觉得这是我对他们的拒绝。然而，在安吉尔身上，我理解了她想要终止治疗的愿望，这增加了她的勇气和洞察力。

安吉尔突然提出终止治疗会引出一个"逃向健康"的疑问，但突然停止治疗也可以是为了满足发展性的需要。病人可能需要有这样的体验——看到能为自己做些什么，同时还能感受到治疗师的支持。他们可能会回到同一个治疗师或另一个治疗师那里接受更多治疗，并处理其他问题。这是一种自然的发展性经历，并不表示原先所采用的治疗方法有缺陷（Goldberg & Marcus,

1985；Malin，1990）。仅将终止治疗解释为逃跑或见诸行动，会妨碍这些病人对他们所取得的成就感到满意。

对一段治疗可以有很多种理解。安吉尔的案例说明了自体心理学中的"自体客体功能"这一概念，以及控制掌握理论中的"用通过病人考验的方式来推翻致病信念"是如何相互补充的，这些理论和概念帮助我在与这个富有挑战性的病人一起工作时保持自己的方向，并且保持与她的联结。

第九章　幸存的代价

> 溺水的人会抓住救命稻草。
>
> ——佚名

以下是一份详细的精神分析案例报告，关注的重点是共情-内省的探索模式及自体客体功能与过程。

当 前 问 题

艾伦（Alan）是一名28岁的律师，因为抑郁和难以与上级相处而前来接受我的分析。在分析的早期，他的抑郁情绪有所缓解，也与上级相处得更好了。一年后，他搬到了一个新的地方寻求职业机会，并在那里继续与另一个依据经典模式工作的分析师进行治疗，我在那个时期所采用的工作模式也是经典模式。

6年后，他回来了——事业有成，爱情美满，并计划组建家庭。他在那时出现了吸食可卡因上瘾的情况。他找到我重新开始分析，这段治疗持续了5年，前两年的重点是可卡因成瘾。

既往历史

艾伦是3个孩子中的老大，妹妹比他小3岁，弟弟比他小6岁。他的母亲既要料理家务，同时还是学校的老师，她在艾伦完成第一年的分析后不久死于癌症，享年57岁。父亲是位工程师，艾伦形容父亲是一个"好人"，但过于"依赖"母亲。他的父亲在分析的第四年死于心脏病，享年69岁。他的妹妹是一名职业女性，而弟弟在19岁时精神病发作，目前生活在一家护理机构里。

艾伦在他母亲去世和第一次停止分析后开始使用可卡因。最初，他只是在周末用它来"消遣"，但后来开始每天都吸食，并且染上了毒瘾。他下定决心停止吸毒，之后会有一段时间的克制，然后又复发。每次复发都伴随着强烈的自我厌恶和失败感。在吸毒期间，他觉得自己陷入了困境、感到自责，并预期我会厌倦、厌恶他。

他工作非常认真，经常长时间加班，每次晚归都会用可卡因来放松。毒品消除了他所有的内疚感，他感到自由、快乐。由于受到毒品的刺激，他会熬夜，需要使用镇静剂才能入睡。第二天早上也会疲惫地前来分析，带着服用镇静剂后的"宿醉"感。在一个小时又一个小时的治疗中，他疲惫而孤僻地走进来，痛斥自己如此"阻抗"，浪费时间。他确信我对他的"见诸行动"以及"没有更好地去自由联想"感到失望。

移 情

在屡次复发的过程中，当他贬低自己，觉得自己像个失败者时，我意识到他是在用这样的方式保护自己，从而免受我在之前的工作中所给出的、令他痛苦的诠释的伤害。通过先发制人地贬低自己，他就可以避免感到被我贬低带来的羞辱感。现在我的诠释发生了变化,我不再关注他说话的内容和他的行为,而是把注意力集中在过程上,关注导致他行为的隐性关联——我在寻找诱发事件。

每次当他报告自己吸食了可卡因,我都会询问吸毒前他的生活中发生了些什么。他可能会回答说,那是一个星期五的下午,在经过一周漫长又辛苦的工作之后,他开车回家,一想到可卡因就会迫不及待地想要"嗨"起来。我问他能否回忆起自己在开车回家路上的想法,他说当时在预想着回家后要做的家务和妻子会提出的要求。他被压力和责任压得喘不过气来,就像一个快要淹死的人抓住救命稻草一样伸出手去抓可卡因。当吸毒时,他感到自己可以不用负责照顾好每个人,也不再会为自己做了些什么而感到内疚。

艾伦总是预期别人会对他提出各种要求,他觉得自己对每个人的幸福都负有责任。他总是处于压力之中,但是对这些压力毫无觉察。这是他的常态,他已经习惯了。他相信在自己要把一切都做好才可以放松,这让他感到快被淹没了,这就是诱因。

在治疗过程中,当感到精疲力尽、昏昏欲睡时,他会为此内疚,并为没有做"更多的分析"而道歉。他预期我对他有更高的期望,于是他先贬低自己,以此保护自己、免受我的解释的羞辱。我采用了共情-内省的模式,告诉他无论是独自一人,还是在一个能理解他的人面前,他都很难给自己一些时间来放松、休息和恢复。被理解的感觉为他提供了一个有效的自体客体体验。

这样的理解唤起了那些早已被遗忘的、曾在学校和家里获得成就的记忆。他回忆道,无论自己做得有多好,完美主义的母亲都会指出更多可以做的事情。勤勤恳恳的父亲则会让他做一些单调乏味的家务事,比如除草和修剪树篱。尽管他工作得很努力也很认真,但如果休息一下或者想看会儿电视而不是紧接着去做更多的工作,父亲就会说他"懒惰"。在我们治疗的时间里,他可以在我这里放松下来,照顾自己的需要而不必有所表现,并且能感到我在陪伴着他，这对他而言是一种全新的感受。他开始体验到一种新的联结方式：他可以做自己，同时还能感受到自己与他人的联结。

反 移 情

我对他的疏远和退缩的反移情是沮丧和不耐烦。我试着让他投入我们的关系，一部分是出于满足我自己被认可的自体客体需要，结果却让他再次受到了创伤。我在不经意中重演了他的早期经历，他的父母期望他满足他们对关系的需要，而他自己对安慰和认可的需要要么被无视，要么被拒绝。

当我明白了自己的反应，并能耐心对待他时，我从他的角度理解了使用毒品对他而言有多大帮助。我并不纵容吸毒，但我能体会到他的认真、努力，想要好好对待自己的责任。在一周的工作结束后，他需要一种方式来让自己缓过劲儿来，为下一周令人疲惫不堪的工作"充电"。我解释道，由于自体发展方面的阻碍，他还没有发展出让自己有效恢复的机制，也没有学会如何向他人寻求安慰或安抚。他觉得需要别人的安慰是一种缺点，是软弱的表现。可卡因价格昂贵，也令他抑郁、疲劳，但那是他所知道的唯一可以使他摆脱罪恶感和孤独感的方法，他能借此重新"充电"，并为下一周的各种要求做好准备。我告诉他毒品使他生存下来了，这引起了他的注意。他说："我在为了活下去而挣扎，而身边却没有人把我当回事儿。别人觉得我是自愿的，是为了享乐而不是为了生存。好像如果想要自己的问题被他人认真对待，就必须先患上精神病。"

解　　决

　　有了这份理解和这些新的体验，他开始允许自己花时间自我安抚，让自己恢复。他通过读悬疑小说来让自己放松，也不再觉得看了场电影就是懒惰的表现。尽管承认自己的毒瘾已经无法控制，但一想到要寻求帮助，他还是感到羞耻。在移情中，他预期我希望他自己来处理这个问题。他还担心，如果他咨询戒毒专家，而不是完全依赖我，我会生气和嫉妒——他认为自己如果去咨询别的专家就是对我的不忠诚。澄清这个信念让他想起了小时候自己与母亲就"大人的话题"进行的长时间谈话。他可以通过做一个好的倾听者来保持母亲对他的兴趣，但他注意到父亲因此被排除在外、愈加退缩。他感到焦虑和内疚，认为如果自己对父亲表现出兴趣就是对母亲的不忠诚，会使母亲伤心，自己应该只需要母亲。

　　在这之后，他开始每周与一个著名的戒毒专家会面，并从他那里学到了很多东西。医生制订了一个戒毒计划，起初很有效，但艾伦很快就开始不太同意他的一些建议。医生很权威，但艾伦现在可以做到坚持自己的立场，并且仍然与专家保持着融洽的关系。他采纳了那些对他有帮助的建议，拒绝了那些没有帮助的建议。这对他来说是一种新的体验，既能感觉到与医生的联盟，又能保持自己的个体性。

抑　　郁

　　艾伦觉得自己更强大了，变得更加自信，并最后停止了吸毒，但他也意识到内心深处的空虚感，变得抑郁起来。以前被他隔离的那些痛苦感受现在又开始出现了，这些孤独、空虚、绝望和无望的感觉在童年时代是被否认的，因为它们看起来很危险。他不仅感到孤独和害怕，而且觉得自己有这样的感受是不对的。艾伦的新近整合使他有可能开始运用我来处理那些早期体验，我则认为他的抑郁是进步的迹象，而不是疾病。

比起吸食可卡因时期的艾伦，我发现在这段抑郁时期的他不那么退缩，更容易接触。我们之间的联结越来越紧密，在他复发并使用毒品时，他惊讶地发现毒品对他已经失去了吸引力。现在他有了其他资源来应对压力——他已经成功戒掉了毒瘾。

第二阶段的分析集中在他的抑郁和日益紧张的婚姻关系上。可卡因使他很容易就能否认自己痛苦的感受，但现在他开始意识到了自己的隔离和孤单。和我的关系越密切，他就越感觉受到了鼓舞，想和妻子建立更亲密的关系。他的这些尝试打破了他俩之间长期以来形成的平衡，他对婚姻中的挣扎感到沮丧和失望。如果他试图在妻子面前坚持自己的主张，就会带来争吵；如果他尝试讨好妻子，他就会感到失败。和我讨论这些部分，帮助他化解了婚姻关系中的张力，他的婚姻也得到了改善。然后，他的挣扎转入了与我的移情关系中。

移情的焦点从自体客体维度——感到被理解、感到安全——转到了冲突的维度。他抱怨说在我面前感到有压力，需要有所表现才行，和面对妻子时的感觉一样。他觉得我厌恶他——因为他迟到，不好好地自由联想，对我没有移情反应，想不起更多过去的回忆。

他相信，如果自己不好好表现，我就会觉得受够了，会退出，然后让他自食其力。意识到这些恐惧使他想起了母亲会在被情绪淹没时表现出隔离和退缩，他没有意识到这是母亲的局限性，反而认为她感情上的疏远是他的错——因为他没有更好地照顾好她。当他弟弟精神病发作时，这种要负起责任的感觉又出现了。艾伦觉得是自己想要与弟弟竞争的感受造成了弟弟的病情，他回忆起自己和弟弟是如何建立起一种很亲近的关系，但这份亲近的关系被弟弟的精神病发作打断了，他体验到了失去这段关系带来的强烈哀伤。当他修通并化解了对母亲的癌症的责任感时，也经历了强烈的哀伤。

一直以来，他感受情绪和处理痛苦情绪的能力都受到了阻碍。这种阻碍一部分是由于他对感受的否认，他为了保护与父母的关系而隔离了自己的情感，因为他看到当自己痛苦时，父母也会感到痛苦；另一部分在于情感整合的停滞，这是由于早年缺乏来自父母的同调回应的结果，他的父母很难帮助他发展出一套用来感知和表达痛苦感受的词汇。他新近发展出的整合这些痛苦情绪的能力，使他能够哀悼自己的丧失，因此也感到更强大、更整合、更自信了。

他在对我的移情中变得更加大胆，可以向我抱怨。他听说我是一个自体心理学家，与其他分析师不同，不相信对攻击性的诠释。他担心自己接受的这种精神分析有不足之处。我与他的情绪同调，而不是只听字面上的抱怨，我问他是否担心他对我的抱怨或失望会伤害到我，这是一种潜意识的组织原则。"是的，"他说，"你会感到受伤，然后就会疏远我。"在对我的移情中，他看到了这个信念，也让他想起了过去痛苦的回忆——在他令母亲感到失望时，母亲疏远了他。他意识到自己之所以着急地想要在母亲那里好好表现，是为了保护自己不遭受可怕的孤立。当母亲感到不高兴并疏远他时，他体验到的正是这种可怕的感觉。

我诠释了他的两难处境：要么顺从母亲的期望，以此来维系必要的联结——在这种情况下，他感觉自己是一个仆人或者奴隶；要么站出来反抗——在这种情况下，他会被贴上了"捣蛋鬼"的标签。这对他来说很合适，他一直以来都觉得就应该是这样的。他回忆起母亲让他淹死几只新生小猫的事，虽然这在当地社区是一种被普遍接受的做法，但无论是母亲还是父亲都不愿意亲自动手。当他抗议时，母亲向他施压，他只能顺从了。他一直觉得是自己有些地方不对劲，因为自己太懦弱了，从没想过自己有权抗议。

有了这份新的自我觉察后，他从要不惜一切代价取悦妻子的压力中解脱出来，变得能够坚持自己的主张而不用羞辱她，爱她而不用贬低自己。他腾出时间从事自己的兴趣爱好，在与家人和朋友在一起时感到自己更有活力了。

在治疗过程中，他变得僵硬和不安，但什么也没说——这是在移情中出现阻抗的迹象。分析师提供一个同调的自体客体功能的方法之一，就是关注那些没有被言语化的紧张状态。我问："你说起这事时似乎有些紧张，你感觉到了吗？这符合你的感受吗？"艾伦说："我刚才还没意识到，但现在你一提起，我确实感到紧张。是的，就是这个词——紧张。"他对我有些质疑，但哪怕仅仅是意识到这些质疑都是危险的。他相信意识到自己的这些感受就是不忠诚或会伤害到我，而且这是危险的。这就是他的阻抗。

通过诠释这个阻抗，他意识到当我不回应他的批评或是没有站出来为自己辩护时，他担心我是一个"懦夫"。他对我感到失望，也感到害怕。当他看到我并没有被他的失望感伤害时，他感到了安全，更多的移情感受也出现了。他还听到过其他关于我的事——我秉持"友善待人"的态度，我害怕自己那些"未得到处理的攻击性"。若是在过去，我会把这个理解为他害怕自己对我的愤怒，但现在我看到的是他的脆弱。我对此做了一番诠释：他害怕自己不能依靠我，怕我不足以成为他好榜样，无法帮助他发展自己的魄力。他感到松了口气，幽默地说道："我想你也不太可能懦弱，你去年提高了我治疗费，而且在我不付账的时候你会向我控诉！"他觉得自己更坚强了，还想起了曾让他感到害怕的父亲的消极被动，他很希望自己的父亲更有魄力些。

艾伦回忆起母亲曾向自己抱怨对父亲的失望，我问他是否会体验到如果与父亲的关系很亲密，就是对母亲的不忠诚。他认为这番诠释很适合，还澄清了另一个潜意识的组织原则：亲近父亲会伤害母亲。有了这份洞察，他想起了和父亲一起出门钓鱼的经历，那时他感到和父亲很亲近，这对他来说是很特别的时光。然而因为这会危及他和母亲的关系，他否认了这种和父亲亲近的感觉，认为自己不可能和父母两人都亲近。

艾伦渴望再次与父亲亲近起来，于是安排了一次旅行。他父亲的热情和开放让他感到惊讶，他们重新建立起了关系。

艾伦为自己的改变感到高兴，但一个新出现的移情主题让他担心：他变得太像我了，正在失去自己的身份认同。他的潜意识组织原则是，如果他发展出了与我不同的兴趣或观点，我就会收回对他的支持。他必须像我一样、必须依靠我。他做了一个梦，梦见自己在爬山，沿着一条碎石路向山上走；山顶上有一个发电站，看起来像一座监狱，有狗在巡逻，然后他看到了高尔夫球场上的另一个发电站。在对梦的分析中，我就是第一个发电站，这是我提供的功能。如果他要依赖我、依靠我的力量，那么就意味着要被监禁，他对此的表现是顺从。他意识到他在自己的内心发现了一个力量来源——第二个发电站。他可以坚持自己的立场，在说"不"的同时仍然可以感觉到联结。他雇了一个园丁，用节省下来的时间重新恢复了打高尔夫球这个爱好——这是他自己长期以来的爱好，不是我的。

结 束 治 疗

我感到他正在改变，正在成为自己，这种感觉说明治疗开始进入结束阶段。他意识到自己不必像我一样，而是可以从我的各个面向中选择那些自己想要的来模仿，并拒绝余下的面向。他时而觉得治疗可以结束了，时而又觉得一定还有更多的事情可做。他回忆起父亲有过各种雄心勃勃的项目，那些项目永远无法完成。他对自己的判断没有把握，希望我做出结束治疗的决定。他回忆起母亲担心他会做出错误的选择而使她难堪——母亲知道什么是最好的，她不能容忍错误，视错误为可耻的失败而不是学习的机会。艾伦很早就学会了不去重视自己的直觉，而是按照母亲的方式行事。

现在，他相信自己了，他宣布自己想在6个月后，也就是我们一起工作满5年时结束治疗。他担心我的反应，因为他预期我要么会说他还有更多的治疗工作要做，要么会认为他早就应该结束治疗了。我们探索了这两种恐惧，然后确定了结束治疗的日期。

结束日期重新唤起了他失去母亲、父亲、弟弟和我的悲伤。他说他做了一个梦，梦中他因为时钟全坏了而错过了约会，他也因其他事情分心而忘了来做治疗。他感到一种丧失感，还有一种内疚感——"我没有留意好时间。"这个梦说明了一种组织原则：丧失的感觉自动地、潜意识地被理解为一种失败。如果感到了丧失，那么一定是他做错了什么；如果当时多加注意了，就不会发生这样的丧失了。

他想到了我们的关系，想到了事实上我没有告诉他该怎么做，也没有告诉他应该停止使用可卡因。我帮助他开始对自己的感受、紧张和恐惧有所觉察，现在他不再感到有某种压力推动着他一定要先照顾别人了。他说："我感觉自己正在告别。"

他时而害怕不能再把我当作支持的来源，时而为自己新发展的力量和自信自豪。然后他担心我会认为他为自己自豪是一种炫耀，他回忆起父亲告诫他不要炫耀，说他自吹自擂。他还回忆起母亲在他高兴和兴奋时的焦虑，以及母亲告诫他"控制好自己"。当感到与我进一步分离时，他敏锐地意识到自己与母亲的关系曾经是多么地融合。

随着结束日期的临近，他告诉我他为自己是一个比父亲更好的父亲而内疚，也为他比我挣得更多而内疚。他认为自己的每个所得都是以牺牲别人为代价的。他说："在现在，有时我能把事情看得非常清楚，我可以自己把问题想明白。"

他很高兴现在可以做到思考什么对自己是最好的，而不用担心对我会产生什么样的影响。他感激我们的关系，说这段关系给了他支持。在努力戒掉可卡因的过程中有一个转折点,那是他第一次感到做分析是为了他自己,而不是为了我。

在最后一个小时里,他期待着日后自己继续进行分析。他很感谢我,但也担心我会不会安好——如果没有他我能不能活下去。他回忆起自己担心父亲会不好,尤其是在母亲去世后,而现在他意识到父亲很坚强。想到自己已经走了那么远,甚至都不会再想起毒品了,他既自信又悲伤。我说在这段时间的工作中我也改变了,也从他那里学习到了很多。我们拥抱了彼此,然后道别。

总之,这个案例说明了:

- 共情-内省审视模式从对艾伦有利的角度出发,审视他对毒品的使用。
- 自体客体功能的概念同调了他的情感状态,帮助他发展出讲述这些情绪感受的词汇。
- 关注过程,看到导致某些行为发生的诱因,看到体验经由何种机制被转化为意义。

我很欣赏他努力地克服非理性的、要为他人负责的感受,以及在自体个体化的过程中做出的努力,这使他从"要么顺从、要么反叛"的姿态,转变为可以亲密且健康地表达自己的主张。在移情中,他体验到了我提供的自体客体功能,也重新体验了痛苦的经历。我对过程的关注使他潜意识的组织原则得以展开、被看见,并发生转化。

第十章　毫无悲悯的病人

> 时代需要谨慎、深思熟虑、坚忍和毅力。
>
> ——塞缪尔·亚当斯（Samuel Adams）

在每一次成功的分析中，曾在儿童时期遭受过虐待和性骚扰的病人，在某个时候都会感到被精神分析师虐待和性骚扰，精神分析师也一样。对这些病人来说，为了体验人与人之间的联结，痛苦是必要的。

组 织 原 则

在过去，这些病人被贴上受虐狂的标签，因为人们相信是内在本能的压力或攻击的愿望转向自身导致了后续行为（Brenner，1959；Freud，1919，1923）。现在，自体心理学认为这种自我毁灭的行为是以早期关系为背景的，建立在潜意识的组织原则或场景模型基础上。

比如，当孩子的母亲的养育参与度很低，即使父亲有施虐的情况，孩子也会向虐待他的父亲寻求支持，因为向遥不可及的母亲求助是得不到任何情感上联结的。痛苦的联结总比独自一个人更好，痛苦的虐待是感受到安全联结所必须付出的代价。一个病人报告了一个梦，梦里她的脸又肿又痛，于是去咨询了一位医生，但是医生对她又残忍又粗暴，还侮辱她。"我别无选择，"她说，"我当时很痛苦，需要帮助。"在人际关系中的经历已经让她形成了一种信念，即痛苦是获得支持的必要条件。成年后病人开始接受分析，她还没有学到人是可以在没有痛苦的情况下与他人保持联结的。

发　　展

在正常发展过程中，母亲与婴儿间的联结越强，婴儿发展到学步期时自体个体化的张力就越大。在"可怕的两岁"*期间，大部分的张力来自幼儿既需要坚持个性，同时又需要保持与人的联结。健康的两岁孩子的母亲们报告说自己感到被淹没，好像在被无情的怪兽侵占。即便如此，他们还是欣赏着孩子们初露端倪的自信与个体性，并为他们自豪。

一位母亲想帮助她痛苦的孩子，但常常发现自己进退维谷。如果她很冷静地去安慰孩子，孩子可能会变得如同一个暴君；如果她很坚决，孩子可能会感觉母亲背叛了他，不爱他了。在这种时候，她的任务就是生存下来，并保持与孩子的联结，既不觉得被孩子摧毁了，也不报复和摧毁孩子。如果她能熬过这一年，3岁时孩子会发生奇妙的变化，"可怕的两岁"变成了"温柔的三岁"。父母和青少年也会经历类似的挣扎。

有些父母要求孩子必须听话，孩子也许就被剥夺了成为健康的2岁孩子的机会。一位母亲可能会传递出这样的信息，即孩子的离开让她受到了伤害，于是孩子开始相信坚持自己的主张就一定会毁了母亲或对母亲造成不可挽回的伤害。母亲也可能会感到备受打击，对孩子施以惩罚，于是孩子开始相信

---

* 很多家长会发现孩子到了2岁以后，性格会发生大转变，变得非常冲动，经常和父母唱反调，做事比较叛逆。——译者注

坚定地拥有自我主张会被暴力报复。孩子在很小的时候就学会了要么顺从大人，遵从大人的期待，表现得"很好"；要么退缩，与他人保持距离——他们的自信以及自体的个体化都被破坏了。

生　　存

在成年后的分析中，这些病人会尝试让分析师参与他们的发展，并通过"使用"分析师来获得一种良性对抗力量的体验。分析师支持来访者主动的对立，并确认他们的个体感（Wolf, 1988），沃尔夫称之为对手自体客体功能（adversarial selfobject function）。换句话说，这些病人在分析的这个阶段重温了"可怕的两岁"，这个阶段的治疗过程充满了暴风骤雨，分析师努力维持着平衡。像两岁孩子的父母一样，分析师在这一阶段的任务就是生存下来，不被病人摧毁，也不做出报复性的诠释来让病人感到被摧毁（Shapiro, 1989）。

那些被剥夺了做一个"可怕的两岁"孩子的机会的病人，在分析中讲述着一再发生的痛苦经历，比如被羞辱、忽视、孤立或身体上的虐待，这些经历使他们不断感受到自己的渺小、虚弱、无助和恐惧。如果照料者缺乏必要的同调反应来帮助孩子处理和克服这些痛苦的感觉，这就会让他们的创伤变得更为严重、复杂。

在分析中，他们会让分析师经历各种考验。这些病人认同于令他们经受创伤的父母，他们能够感觉到分析师脆弱的地方，并微妙地激起分析师渺小、软弱、无助、被羞辱和羞耻的感觉。有这样一个例子，病人感觉到了我助人的需要，她开始抱怨我没有让她变得更好，情况反而更糟了。作为一个女儿，她感到被母亲虐待、不被欣赏，现在我开始感到被她虐待、不被欣赏。然而，我这些被虐待的感觉并没有导致我感觉无助，而是成了展开分析工作的机会。

反 移 情

感到被病人虐待的分析师们经常感到被同事和督导虐待，他们会告诉分析师应该保持冷静。传统精神分析要求分析师应当保持中立，对病人感到愤怒或被病人打败是精神分析师自己存在未解决的冲突的证据。布伦纳（Brenner，1959）就表达了这种态度，他站在传统立场上建议分析师要维持这样一种条件："分析师本人不要潜意识地受到诱惑，参与到和病人之间的施受虐行为中——对病人发火、感到绝望、被病人打败或以任何方式表现出对病人的喜爱或厌恶"。布伦纳建议：

> 分析师要遵循的行为模式就是任何一个有理解力的成年人的行为模式……理性地对待一个脾气暴躁、固执、挑衅的孩子。如果成年人很明智，并且没有过度地与孩子发生情感卷入，他就不会因这个孩子的行为而不安或扰动，不管孩子怎样引诱或激怒他，使他陷入施受虐的情境中，他都可以保持冷静的观察和理解……这说起来容易做起来难，但是……这不是不可能的，而且……这是对受虐型的病人施以最正确的分析治疗的核心。

在我看来，面对一个健康孩子的挑衅行为，比如一个正常的2岁小孩或一个精力旺盛的青少年，没有一个成年人能够保持冷静和理解。无论分析师多么能理解，在某个时刻都会对病人感到愤怒、绝望及被病人打败。对于分析师来说，要求他们在面对这些挑衅时仍然始终保持冷静和客观，实在是太过分了。

成功的分析师是能在这样的冲击中生存下来的人。存在的倾向是分析师要么防御性地进行解释，合理化自己的立场；要么对病人进行诠释，解释病人的动机。任意一种做法都可能带来联结的中断。防御可能使病人感到焦虑，诠释可能使病人感到被批评并内疚。如果不采用这两种做法，而是能在这场风暴里安然感受病人带来的受伤感或者对病人的愤怒，同时不感到内疚或者试图去责怪病人，那么就启动了病人的康复过程。

在认同分析师的过程中，病人变得能够允许自己经历更宽广的情感体验。他们开始克服自己对淹没性的、令人产生创伤的父母的认同，并开始认同分析师的力量。病人意识到，分析师可以在感到不安之后自己恢复，而不是让病人承担责任，于是病人也开始相信自己也是有希望的。他们开始思考这样一种可能性：自己受到伤害后是可以恢复的，而不必感到渺小、无助和脆弱。他们可以抱怨，可以表达自己痛苦的感受，并相信自己会得到理解，会被认真对待。这些新的经验帮助病人开始整合和克服早期的创伤体验，发展出新的组织原则。

分析师如果能在这些攻击中活下来，既不感到被病人摧毁，也不做出让病人感到被摧毁的解释，那么他们就可以用自己的反移情来进行后续分析。过去，我会把这些对我的攻击看作病人潜意识中本能欲望需要被驯服或中和的证据。现在我把这些行为看作病人试图通过使用我来重启一个停滞的发展阶段，以此掌控早期的创伤经历。随着时间推移，病人可能会对这些行为产生好奇，我会解释对这个过程的理解，也有些病人会感觉自己更强大了，不需要解释就可以进入新的领域。

当病人与分析师建立了联结，分析师的耐心和理解有时会让病人感到害怕。当病人对分析师感觉更亲近、更安全，他们也可能会在有关失去和失望的体验上感受到更多脆弱性。分析师越理解病人，病人就越焦虑。他们在潜意识中认为，如果两个人的关系里没有痛苦，就意味着没有联结（Stolorow，1975）。如果他们能体验到分析师的虐待，虽然会感到受伤，但是也感觉更安全了。

当病人觉得你在虐待他时，你能做什么？理论上来说，你应当保持客观，检视病人的体验，但实际上这是行不通的。你的病人太了解你了，病人对你的看法中会有一些真实的成分。

利希滕伯格及其同事（Lichtenberg，1992）描述了一种有用的方法——分析师接受并探索病人的归因，"穿上归因（wear the attribution）"：

> 要成功地使用这种方法，分析师必须在概念上和情感上对探索自己的某个部分时所带来的痛苦（有时是快乐）持开放态度，因为分析师可能只是模糊地意识到（或防御性地不去意识到）自己的那些部分。在分析师的鼓励下，病人受到邀请与分析师一起检视分析师的一些态度，分析师当时做了些什么触发了病人那样的归因，病人对分析师的厌烦或批评有什么样的反应，他们的价值观在哪里一致（我认为我们俩都很贪婪）、在哪里有分歧，以及这些一致和分歧有什么样的意义。

案　　例

简（Jane）在婚姻破裂后变得抑郁。她感到无助、害怕，抱怨我不理解她。我努力尝试理解她，但她变得更加绝望了。她报告了一个梦："我来到你的治疗室，门开着。我往里一看，你正坐在椅子上，抱着腿上的一个婴儿。"

我们对这个梦进行探索，发现她觉得我把她当婴儿一样对待。我过分努力地想要帮助她，让她觉得自己被婴儿化了。我承认自己之前不够信任她，而这样的不信任会令她感到害怕。我放松下来。她抱怨我的不理解让她感到绝望。我们继续探索，发现以前每当简抱怨什么——尤其是在她父亲去世后——她的母亲就会变得非常焦虑。那时她很绝望，但被剥夺了谈论痛苦感受的机会，也同时失去了掌控这种痛苦的机会。现在，她用我来帮助自己处理痛苦和脆弱的感觉。

当我试图"修好"她、减轻她的痛苦时，我就像她焦虑的母亲一样，这让她感到更加绝望和孤独。当我"允许她受苦"，允许她抱怨我时，她感到更强大，想起了更多过去令她痛苦的丧失体验。虽然这个梦可能代表着她潜意识中的愿望，即希望我把她当成婴儿一样对待，但那不是她意识层面的感受。更令人信服的诠释是，这个梦代表她感知到了一个我自己没有察觉的反移情态度。通过审视她对我的看法，我们理解到她觉得像对待婴儿一样对待她说明她有所不足，她没有想到我有自己的局限性。我"穿上归因"，看到她的感知中蕴含的真实元素，并与她讨论，这帮助她克服了"别人的焦虑（她母亲的、前夫的和我的）反映着她的失败"这一信念。

以下是我和玛丽（Mary）工作的一个片段，通过挑战我的脆弱点并看到我"活"下来了，玛丽开始克服自己的脆弱点。

玛丽在28岁时因为严重的抑郁症前来咨询。她在童年早期曾被哥哥性骚扰，12岁时被继父性骚扰，19岁时被叔叔性骚扰。她还报告了成年后一系列狂风骤雨般痛苦不堪的恋爱关系。经过一年的分析，她和鲍勃（Bob）开始了一段感情，鲍勃是个温柔、热情、有爱心的男人。玛丽一再发现自己对他很冷淡、批评他、惹他生气。尽管他对她的爆发感到很伤心迷茫，但仍耐心地等她冷静下来，然后解决分歧。然而，这令玛丽更加焦虑了，因为当鲍勃平静下来时，她更难感受到与他的联结。

有一次我体验到了一点点鲍勃会有的感觉。在一次治疗开始时，玛丽对我怒目而视，说："我正处在一种很危险的心情里。"我等着她继续说下去，但她只是沉默地坐着（我们当时是面对面的），然后她开始苦涩地抱怨："我受够了做每一件事都要感到后悔。"她解释说自己无法控制对鲍勃的怒火，但发火后总是感到羞愧。我感觉她也正在对我大发脾气。

她大声地斥责我，事无巨细地述说着她的挫败感、失望和令她羞耻的失败。我觉得那些批评是针对我的，就好像是我没有尽到自己的职责。我感到内疚，想要防御。她稳稳地掐住了我最脆弱的地方，让我失去了平衡。

通常在这样的情况下，我会镜映她说的那些话给她听，理解她失望、挫败和气馁的感觉，但当时的我已经迷失了方向。我发现自己在说："你在生我的气吗？"虽然这番话是准确的——因为她显然很生气——但这不是她那一刻自我体验的核心。她当时被各种感觉淹没，失去了与我的联结，也在挣扎着想要重新建立它。

她回击道："不，我不是生你的气，我恨的是我自己！"接着她更大声地说道："我不能再这样过下去了！我得控制住自己！"我等待着。她看着我大喊："我真的很生你的气！"当我继续等待时，她冲我喊道："为什么我还这么胖？为什么我还在爆发？没错，我在工作上很成功，但这不是我最看重的！我想要有和人好好相处的能力！"

强大的张力让我倍受压力，我发现自己正在退缩，变得被动而沉默。她直视着我，把火力集中在我最脆弱的那一点上，大声喊道："你知道我哪里有问题！你就是不告诉我！所有事情都要由我自己来做！你就只是坐在那里，什么也不干！"我沉默着，感到内疚和弱小，变得更加退缩。然后她对我吼道："我到底是怎么了，医生，我为什么会这样？"我仍然在失去平衡的状态里，觉得必须说些什么才能摆脱这层外壳，重新与她联结。我弱弱地回答道："我不知道。"她讽刺地说："你为什么不知道？你应该知道啊。"这时我恢复了平衡，用一种附和的方式说："我应该知道啊。""是的，"她说，"你是无所不能的专家啊！"

我的退缩让她很难受，她变得焦虑、羞愧，开始贬低自己："我不应该这么难过，不应该抱怨。我应该表现好点，应该心怀感激。"而当我又回到轨道上时，我诠释了她的防御——贬低自己是为了保护自己免受预期中的批评。"你是这样感觉的吗？"我问道，"还是你认为我是这么看待你的？"这让她安定了下来，胆怯和焦虑消失了，她用一种大胆而强烈的方式说道："你一点儿都不在乎！这对你来说没有任何区别！"我和她的感受、体验待在一起，说道："你觉得我对你很冷漠。""是的，"她说，"我很丑，你根本一点儿也不在乎我。"出于关心，我问她我有没有以某种方式表现出这一点。她说："没有，但就算你是这么想的，你也不会告诉我。"现在我感觉和她的感受联结上了，说："但是你预期我会厌烦你，不喜欢你这样更加坚定地向我表达自己的主张、为自己说话。"

这番话感动了她，她变得很伤心："我对你产生不了任何影响。"我回答："你觉得我对你很冷漠，我不在乎你。"她的眼泪涌了出来，说："每次能在这里表达自己的想法时，我都会感觉好一些，更平静些。"

她说自己周末是和鲍勃一起过的。那天是鲍勃的生日，但她对他很生气，必须努力控制自己的脾气。她不想做爱，也最终对鲍勃说出了自己的感受。"我把一切都说出来了，"她说，"我感觉好多了。只是我希望自己当时没有对他生那么大的气。"她感到又挫败又羞愧。我回应道，她很难表达愤怒和失望的感觉，害怕会伤到别人，把他们逼走。我接着说："但是，你好像正在学着向我表达愤怒。"她说："我宁愿对着你生气，也不愿生鲍勃的气。"我说："当你预期对方会感到反感或者受伤时，就很难表达出心里的这些感受了。"她回答："我说的这些话听起来很像我妈妈，这真的让我很生气。"我问："这会不会也让你感觉很害怕？"她说："这让我觉得自己完全没有希望了。我不明白为什么总是这样。"一个小时的治疗结束了。

这次治疗呈现了玛丽使用我来帮助自己从早期虐待的影响中恢复过来。治疗有两方面任务：

- 她内心感觉自己足够强大，与我在一起也足够安全，可以开始体验这个痛苦的过程，即从和我纠缠的感觉中解脱出来，完成自体个体化。
- 她需要考验我，通过我的脆弱感来获得控制，从而掌握自己的脆弱感。

在这次治疗里，玛丽感到足够的安全，可以猛烈地批评我。

当我退缩时，她变得焦虑起来，开始自我贬低。而当我诠释她的防御，帮助她理解自己的体验并且不责怪她时，我们重新建立了联结。先前被隔离的悲伤进入了意识层面，她在我的面前感受自己的悲伤，这是我们之间一个辛酸而亲密的时刻，使她更加坚强。

在另一个案例中，我不得不依靠直觉和情绪层面的感受来工作，那个时候我还缺乏经验和训练，面临着绝望的境地。吉尔（Gill）是一位年轻的职业女性，因为抑郁反复发作以及无法控制地向同事发怒而进入分析。8年前，她曾试图用剃刀割喉自杀。

前两年的分析进展顺利。吉尔表达了对刻板和控制的父亲的失望与愤怒，她的抑郁情绪也随之消散。到了第三年，她开始回忆起母亲在情感上的疏离，意识到自己早期的情感支持大多来自祖母。

痛苦的感受出现了，吉尔常常难过地在躺椅上辗转反侧，找不到语言表达自己。我问她是不是感到害怕或者内在体验着自己的支离破碎，她放松了下来——找到符合她感受的词汇对她来说是一种整合的体验，只要我能说出正确的词汇，她就能松口气。但我不明白是什么导致了她的痛苦，也不知道如何帮助她走出困境。

在那时，我把她的困难理解为是退行的后果，她退行到了情感发展的早期阶段。我当时相信退行是一个正常的精神分析过程，源自她内在的各种力量，也与我无关。我期待如果自己足够耐心和理解，再加上适当的诠释，就能让她超越退行，进入一种有洞见、力量和整合的新体验中去。

当时的我对分析的过程还不甚理解，不知道在支离破碎的体验出现之前发生了什么，所以也没去探究在退行之前她身上发生了什么，尤其是没有询问我在这个过程中起到了什么作用。虽然早期体验中痛苦的感受现在被唤起了（我更愿意称之为分析的深入，而不是一种退行），但她也更难感到与我的联结了。由于我不在她的视线范围内，并且我在她挣扎时也是沉默的，这让她感到孤独、没有联结。但是当我评论她的感受时，她就感觉与我重新联结上了，可以在内部进行整合。

当我因不知道该说什么而保持沉默时，她觉得我好像已经不在治疗室里了。我没想到可以直接告诉她自己不知道该说些什么，这样她至少会觉得我还在。有一次，失去联结的感觉几乎让她精神崩溃。

这件事发生在她无法说话的那一个小时里，看到她在挣扎，我感到痛苦和困惑；而当她变得更加激动时，我感到无助。我原以为最终我会想到些什么的，但她再也受不了了，什么也没有说，站起身来直接向外走去。

我曾经也遇到过病人在治疗中途离开，一般我们会在第二天的治疗中讨论其前一天的行为。但是这一次我感到害怕，我想如果吉尔现在离开了，我就再也见不到她了。当她打开门时，我说："请等等。"设置在那个时候不管用了，我纯粹出于直觉在行动。吉尔走了回来，背对着我在躺椅边坐下。我觉得在她再次离开之前，我只有一点点行动的时间。

我当时感到很混乱，我很想帮她，但也担心自己会犯技术错误，并因此而毁掉一切。我的理性思维败下阵来，但直觉前来救场。我突然看到一个强烈的画面，我看到自己和她一起坐在躺椅上，于是不假思索地站起来走向她，在她身边坐下，用手臂搂着她。

我以前从来没有在治疗过程中触碰过病人。一方面，这是违反"设置"

的，另一方面，这不符合我内向保守的性格。但我搂着吉尔，她放松了下来。我们两个都没有说话，但我觉得我们的关系重新建立起来了。5分钟后，治疗时间到了，我说："我们下次继续。"她点点头然后离开了，第二天也继续过来接受治疗，就好像什么都没发生过一样。

在接下来的6个月里，我们对这次经历做了很多讨论。我们都觉得，我伸出手臂搂着她的做法帮助我们度过了那段艰难的时间。在那时，我们两都不知道要用什么语言来和对方沟通。这种情况此后再也没有出现过。

分析最终获得了一个成功的结果。吉尔的抑郁情绪得到了缓解，事业蒸蒸日上，也结了婚生了孩子。治疗结束5年后，她来看我并和我道别。由于她丈夫工作岗位调动，她也要搬去新社区继续自己的职业生涯。她的孩子们过得很好，她感到很高兴。我们聊起了我抱着她的那一刻，她的记忆与我如出一辙。她说："我当时真的受不了了，我不知道如果当时离开的话会发生什么。"

从那以后，我学会了对病人失去联结感以及我在这个过程中起到的作用更加敏感。能够意识到更多的因素是会有帮助的，但我们总在学习的过程中，总会有绝望的情况需要处理。很长一段时间，我视自己当时的行为为一种失败，并为此感到羞愧。尽管结果是正面的，但我从来没有告诉过任何人我的这次经历，因为我预期自己会受到批评。但那并不是一次失败，而是一次成功。这也是我学到的"设置的力量"的一个例子。

第十一章　和病人在一起

> 存在是伟大的解释者。
>
> ——亨利·大卫·梭罗（Henry David Thoreau）

和有些病人工作中最大的挑战，在于找到与他们相处的方式。珍娜（Jenna）是一位43岁的商人，在成长的过程中受到父亲的严重虐待。当3年前双胞胎兄弟去世时，她觉得自己的一半生命也随之而去了，生活似乎不再值得继续。

她在治疗中感到不舒服，抱怨我看着她的样子让她觉得自己很容易受到我的攻击，谈论感受也令她大为不安。我想让她舒服些，所以我们尝试了各种摆放座椅的角度，最后发现如果把座椅摆在面对着窗口的位置，她坐在我后面，背靠着墙，会是她可以忍受的和我在一起的最佳方式。当我说看不到她让我不舒服时，她说那是我的问题——她说得对。

她讨厌冲突，但当我试着去理解她与下属争吵时感受到的痛苦时，她说讨论那些冲突会给她带来更多痛苦。我想如果我能安静地和她一起坐一会儿，就会对她有帮助。但是，当我听到她的叹息和看到她烦躁的举动，我意识到她感觉被我抛弃了。我和她说我感到绝望，不知道这是否也反映了她内心的状态。她表示同意,但是不想和我谈论这些感受。有时她每天都来,有时她说过来见我让她太痛苦了,要请一周假。

咨询就这样展开着,一周又一周,一月又一月。珍娜在感情上受过伤,非常脆弱,但我相信如果我能设法和她在一起待着,治疗最终会自己走上正轨。

内 隐 记 忆

弗洛伊德认为,潜意识的内容能够影响意识功能。这些内容曾经是在意识层面的,后来被压抑起来。内隐记忆的概念来自神经科学的贡献,它拓宽了我们对潜意识内容的思考(Pally,1997)。内隐记忆是指在没有意识觉察的情况下储存在记忆中的体验,可以包括各种技能,如骑自行车、情绪反应——比如在某些经历中产生或在某些条件作用下习得恐惧感。斯特恩(Stern,1985,2004)认为婴儿和照顾者之间的互动会泛化为期待,他描述了一个12个月大的婴儿在与母亲短暂分离后重聚时,婴儿"知道"是要张开双臂接近母亲,还是要假装看不见母亲——夸大对母亲的需要或无视母亲。这种在关系中习得的做法不是有意识的,也不是潜意识的动力(压抑),而是存在于内隐认知的领域;它影响着日后生活中的所有关系,包括治疗关系。

随着语言的发展,如果孩子的生活环境允许他安全地谈论情绪事件,他就可能会对情绪事件有所意识。如果创伤经历发生在孩子习得语言之前,或者如果孩子从来没有机会谈论这些经历,那么它们就会被编码在内隐记忆中,无法诉诸讨论,甚至可能永远不会得到有意识的觉察。早期创伤可能不会被有意识地记住,但它可以通过关系被重新体验,包括病人与分析师的关系。这种体验无法用语言表达,只能被展现出来(Benjamin,2006),治疗师通过对自己身体状态的觉察来"绘制地图,穿越雷区"——一个具有潜在爆炸性的、令人晕头转向的移情-反移情活现的雷区(Davis,1994)。换句话说,我对待病人的方式可能比我说些什么更重要。

因为我的性格中天然具有内向、保守的倾向，所以在病人所说的话触发某段记忆时，这种新的思维方式让我得以更自由地谈论自己的体验。有时我会分享我的回忆，有时不会，这些都要依靠直觉来判断。但无论我做不做自我袒露，我都会密切关注病人，留意他们是富有活力的，死气沉沉的，还是焦虑不安的。当病人明快起来时，我就会感到安心，知道我们走上了正轨；但如果病人感到焦虑或退缩，我就知道我错过了一些东西，需要重新思考正在发生的情况。

人们会问："如果你考虑错了怎么办"。我会说，在这种思维方式的指引下，只有忽视病人当下的情绪反应才是错误的。如果我做出了某种诠释，病人看起来很困惑或者有点焦躁不安，我会补上："也许这样的解释不适合你。"可能是我诠释错了，也可能是病人需要一些时间来思考我的看法，不论哪一种可能，都表明我在那一刻是偏离了轨道的，要往后退一退。我想让病人把我的看法当作一个讨论的机会，而不是定论。当他们可以自由地说出什么样的诠释不适合他们时，我也就可以自由地提出我的看法。分析师和病人总是在协调着与对方相处的方式，治疗中有一个部分就是学习何谓自由、学习把握机会、学习如何从彼此身上学习。正如布卢姆伯格（Bromberg, 1996）所说："分析关系是……在同调与对质之间……或在共情与焦虑之间的辩证协调"，这段话很好地描述了我和珍娜的关系，我和她一起慢慢地了解了她编码在内隐记忆中的经历和体验。

内隐记忆与关系性分析

病人对分析师功能的影响可以成为了解病人内隐记忆的一个窗口。分析师在治疗过程中关注自己的体验，可以为病人提供一个额外的改变机会。露丝（Ruth）是一位46岁的博士研究生，已婚，有一个6岁的女儿，接受治疗期间正在写博士论文。她在童年时经历了严重的虐待，与之前4位分析师的治疗都"失败"了，我是她的第5位分析师。在我们的工作中，她经常抱怨我的工作方式是"罐装的"，我不真诚。我不得不一再努力寻找与她相处的方式，好让她感受到我的真实和真诚。

露丝给我留下了深刻的印象：她精神昂扬、决心满满，会坚持满足自己的需要。过去我的工作方式更偏经典精神分析，如果是那个时期的我，一定不会喜欢她那样得坚持主张、不顺从——我怀疑其他几位分析师就是这样。现在我能从她的抱怨中听到一个小孩子绝望的恳求，尽管她是想要联结，但也不愿意为了获得联结而放弃自己的个体性。我的指导思想是：病人知道自己需要的是什么，而我的工作是推断他们在好转的过程中需要如何使用我。

露丝在我这儿承受着痛苦，她抱怨我的工作风格，批评我的技术。比如有一天她女儿放学回家，抱怨班里其他小女孩不跟她玩，让她很不高兴。露丝感到内疚，认为女儿经历的社交困难是因为身为母亲的自己没有照顾好她所导致的。露丝指望我帮助她成为一个更好的母亲，她需要的是我的建议，而不是理解。

我回应着她的焦虑："你担心你的女儿。"这让她很生气，她说："你很有同理心，也把同理心当作一种技巧，可以，但这不是我需要的，对我没有帮助。"

我大吃一惊，说不出话来。我试着想象她对她女儿的焦虑，意识到我偏离了正轨，想了一会儿，我说："你有一种根深蒂固的信念，认为自己的身上有些有毒的东西。任何接近你的人都会受到伤害，而现在女儿遇到的困难就是你有毒的证明。无论我或者任何人说什么，都不会改变你的这个信念。"

她明显地放松了，然后带着一丝微笑用柔和的声音说："有时候得到理解会有些帮助。"

她早年的受虐经历使她觉得自己不讨人喜欢，觉得一定是自己做了些错事，应该受到这种虐待。当她和我一起经历这一切时，我感受到了她的这个信念，并用语言表达了出来。她觉得女儿的抱怨反映出了自己作为母亲的不足。她不相信女儿能解决和朋友之间的问题，觉得必须得由她来出面修复，而现在她想要我修好她。我的回答表明我理解她，也并不需要修好她。我信任她，她也开始信任她的女儿。当我经受住了她给我们关系带来的狂风暴雨，并且继续给予她关心时，她开始相信她是可爱的；看到我没有受到伤害，她也开始相信她没有"毒"。

有一天，她和一位论文委员会的教员发生了激烈争执。这个人不尊重的态度激怒了她，她想要他道歉，而我担心她这样做会破坏获得学位的机会。她觉得这件事情攸关尊严，我提出的任何圆滑处事、实用主义的建议，都被理解为希望她屈服于虐待。然而，她仍然想要我来告诉她该怎么做。

我想起了一次个人经历，决定和她分享。我告诉她，在我身处的文化当中，人们对没有妥善解决的事情怀恨在心是很常见的。在我家里，有时人和人会一连好几天不说话。她笑着说，她家人很多年都相互不说话了。

然后我说我和妻子生长的文化不同，她从小就是天主教徒，天主教的文化强调当有人伤害你时，要学会原谅别人。"我花了很长时间才学会原谅别人，"我说，"但是当我学会了，我们的关系也就大大改善了。"

通过我的例子，她意识到自己可以在妥协的同时依然保有尊严，也不用感到被人虐待。她解释说，她成长的文化背景是如果有人侮辱了你，你必须杀掉他们。我们现在可以理解为什么她经常和身边的人争吵了。她邀请那位教员一起吃了顿午饭，进行了一次建设性的对话，通过谈判解决了冲突。虽然过去的人际关系模式并不会就此消失，但与我以及与教员一起经历的这些新的人际关系体验拓宽了她的选择。

通过分享个人经历——这对我来说很舒服——我成为一个榜样，一个她可以效仿的人。我没有告诉她该做什么，选择权在她，但我向她展示了一种新的交往方式。通过观察她的即时反应，我能够更开放地谈论自己的内在过程，避免程式化的反应，并以更真诚的方式给予回应。这些新的联结方式最终被编码在她的内隐记忆中。

33岁的工程师梅尔文（Melvyn）从另一个城市升职调来本市，他想念过去的朋友和同事。新同事对他的要求更高，给他的支持却更少。他的工作时间很长，感到孤立无援，每天下班都有想参加派对的冲动。

去酒吧和女人约会是很快乐，但是酒吧关门以后，他还是不想回家。为了保持快乐的感受，他开始使用可卡因，并且经常熬夜，第二天上班时往往疲惫不堪。周末的狂欢变本加厉，周一的宿醉也更折磨人。

我聚焦在他每次去参加派对前的情绪体验上，他逐渐意识到自己内心的紧张不安。我向他解释说，他在自我调节方面有困难（Lachmann & Beebe, 1996）。他很难维持人际关系，所以常常独自一人，拥有的资源也有限，无法自我安抚，也无法在长时间的辛勤工作后自我恢复。他把酗酒和吸毒视为自己有缺陷的证据，并且为此羞愧。

我想，如果他能理解这是他在努力地进行着自我调节，就会找到更健康的方式来获得安慰。但是他感到越来越绝望，我也开始觉得我们之间的距离越来越远。他谈到了自己在工作中体会到的气馁，我也想知道他在和我一起的治疗中有没有感到气馁。他说："所有这些理解都无济于事，感觉像是你在认可我的所作所为。"

我意识到他在寻求一种结构化，寻求我的指导，但我也知道他对别人的指手画脚非常敏感。我突然想起了我的一次培训经历，并决定和他分享。我说："我记得拉尔夫·格林森（Ralph Greenson）谈到过他在玛丽莲·梦露（Marilyn Monroe）去世前为她治疗抑郁症，那时他遇到了困难。每个人都认识梦露，他在工作中遇到的挣扎无人可讲。最后，他打电话给一个朋友——一位在另一个城市的分析师——让这位朋友光听着什么也不要说。他每周和朋友倾诉上一个小时，最后说声谢谢，挂断电话。这就是他遇到困难时进行的自我调节。"

梅尔文表示听说过玛丽莲·梦露的抑郁症和最后的自杀；他看起来似乎更轻松了，我也觉得我们重新联结上了。我说："有时候很难找到一个只倾听和理解而不主动提出建议的人。"

"这就是我父母的问题。"他突然变得鲜活起来。

我又想到了另一次经历，决定与他分享。我说："有时在漫长的一天结束时，我看起来很疲惫，我的妻子会说我看起来需要一个拥抱。我觉得这样的拥抱很能给我带来安慰，但有时她不在家，我就会去冰箱找些东西吃或找些饮料喝。"我想让他知道，有很多种自我调节的方法。

在下一节治疗中，他说他的周末过得很愉快。他出去喝酒，但没有喝醉。当回到家感到有些不安后，他就去慢跑，而没有使用可卡因。他还与一些老朋友取得了联系，并约好了见面的时间。他说："我过去对这些事都太被动了，得找到一种更加健康的方式来照顾自己。"

在进行这些自我袒露的时候，我并不知道在治疗室中激活的究竟是哪种动力，我想信任他的即时反应以及我的直觉。后来我们才明白，在成长的过程中，梅尔文聪明而早熟，他的父母对此很受伤，抱怨儿子不再需要他们了。他们把注意力转向了弟弟，并且开始依赖梅尔文，让他来倾听他们的问题。梅尔文过早地感到孤独，同时又很窒息。在最开始的治疗中，我向他传递出这样一个信息，即他需要的是理解而不是我，我没有意识到，其实他需要一个为他指路的人——一个导师。我帮助他扩大自我调节的选择范围，让他发现自己可以去慢跑而不是使用可卡因。

病人带着设想前来治疗，我的工作是推断他们需要怎样来使用我。病人的设想每天都在变化着，所以当工作偏离正轨时，我需要对他们发出的信号保持觉察。关注联结和联结中断的那些片刻，有助于让我继续待在正轨上——继续和病人在一起。随着时间推移,病人获得了联结的体验,或者联结断裂后重新修复的体验,这最终转化为新的人际关系模式,成为新的内隐记忆。

第十二章 伴侣治疗

> 伴侣是完整的,也不是完整的。他们在差异中一致,在不协调中和谐。万物归一,一生万物。
>
> ——赫拉克利特(Heraclitus)

伴侣治疗在某些方面很像个体治疗,而在另一些方面又不太一样。有些时候,我感觉自己就像是在与伴侣中的一方或另一方进行个体治疗;还有些时候,我觉得我是在对伴侣整体进行治疗。我也可以成为一个观察者,看着一对伴侣彼此之间互相帮助。

自体心理学从两个方面丰富了伴侣治疗:

- 它帮助伴侣不再只以自己的视角为中心,开始共情地了解对方的体验。这将带来更好的理解,并减少伴侣关系中的张力。
- 它有助于伴侣理解自体客体在正常的和有问题的关系中所起到的作用。这让双方都变得更愿意为对方付出,也对两个人的关系中出现的失望更加包容。

共情的探索

尽管是两人的共同点让伴侣走到了一起,但是处理彼此的差异却是进入一段关系后必然的功课。一方表达出来的沮丧或失望,可能会被另一方体验为某种批评或拒绝。治疗师有能力做到不以自己的体验为中心看待周遭的事物,运用共情-内省模式进入另一个人的体验中,这就为伴侣双方提供了一个强有力的榜样。

唐恩(Dawn)是一名研究生,她和她的工程师丈夫迈克(Mike)一起来见我。唐恩把她的个体治疗师理想化了,她确信我可以为迈克创造类似的奇迹。唐恩说,问题出在迈克对心理治疗不感兴趣。

迈克说他和唐恩在一起时很快乐,他希望唐恩能接受他本来的样子,不要再强迫他改变。唐恩抱怨迈克疏远了她,自己一个人关在电脑房里,这让她感到受伤、被拒绝。迈克并不觉得自己是在拒绝唐恩,他有需要完成的工作。他能感觉到唐恩对他的失望,这让他觉得自己是个失败的丈夫。唐恩说,如果他能去接受一些心理治疗,他"就不会再害怕亲密",会愿意和她"在一起"。

他们你一言我一语地争论着,唐恩开始拔高音量、咄咄逼人,而迈克则变得越发安静退缩。我理解唐恩的挫败感,因为她想要和丈夫有更强的联结感,丈夫的退缩让她焦虑,害怕他再也不会回到自己身边了;我也很理解迈克在妻子抱怨时的自愧不足和失败感。我运用共情理解的模式,分别将自己置身于他们的体验中,随着时间推移,他们开始学习我的做法。他们渐渐具备了持续共情理解对方的能力,能够理解对方的观点,同时知道自己并不一定要认同。

移　情

当他们相处得越来越好时，移情出现了，唐恩开始攻击我。她告诉我她在接受个人治疗，这带给她很多好处，所以也会对迈克有好处。她问我为什么不这样告诉迈克？我说参加心理治疗与否是个人决定，有的人觉得很合适，不见得对另一个人来说也合适，她发作了："你不相信心理治疗吗？""相信。"我说，"我相信心理治疗。"她说："那你为什么不向迈克自荐呢？你会是他很好的治疗师"。

我说我很欣赏她的自信，也很乐意和迈克进行一对一的工作，前提是迈克自己想要开展这样的工作，而他已经明确表示他不感兴趣了，至少现在是这样。迈克随后透露，唐恩向他施压，让他去接受心理治疗。这对他来说像是一种入侵，就好像她在试图掌控他的生活。如果他日后决定接受治疗，也更愿意接受团体治疗而不是个体治疗。当我说我相信迈克有能力分辨什么对他来说是最好的，唐恩变得很愤怒，觉得我背叛了她。她在别人的极力推荐下前来找我，确信我能"治好"她丈夫。当我向她表达我很理解她对我的失望时，她突然暴跳如雷。她冲我大吼，说她很生气，想在外面等我着离开，这样就有机会戳爆我自行车的轮胎。就像在个体治疗中那样，我和她的体验待在一起，并试着理解她的挫败和失望。

迈克显然被唐恩的发作吓了一跳，他问我："你不害怕吗？""不害怕，"我说，"唐恩憋了一肚子的火，她把这些发泄出来以后，就可以翻过这一页了。我很欣赏她的坦诚，但这种情况在家里也会发生吗？""会啊，"迈克说，"她老是这样发脾气，我不知道该怎么办，只好自己回书房去了。"

现在情况清楚了，唐恩用发作来表达她的挫败和失望。"我有爱尔兰人的脾气，"她说，"但我发作一通后就好了。"迈克不相信她会自己息怒，出于害怕用退缩来保护自己。唐恩意识不到迈克有多么害怕，因而变得焦虑起来，以为迈克这是要离开她而且不会再回来了。她把这种丧失感当作迈克对她的拒绝，也是一种抛弃，于是她的愤怒升级，恶性循环随之而来。迈克的退缩引发了她的焦虑，这种焦虑进一步导致了她更多地发作，而迈克的焦虑则导致了他更多地退缩。

随着对彼此的恐惧有了新的理解，他们能够开始互相信任了。迈克相信唐恩发作后会过去，唐恩也相信迈克会从他退缩的状态中回来。他们学会了对彼此更有耐心、更加包容。在唐恩发作时，我的冷静和理解为迈克树立了榜样。他认同我的冷静，也在学着如何陪伴唐恩。

自体客体体验

向伴侣寻求自体客体体验，如安慰、确认、获得力量，是所有正常关系中的一部分。当伴侣来到你身边，为你提供一种自体客体体验，你的自体感就会加强；当伴侣让你失望时，就会出现一次自体-自体客体联结的断裂，你的自尊就会蒙受损伤。你越感到脆弱，就越难以维持内聚感。

许多伴侣经历的紧张关系都是在自体内聚感丧失之后出现的——先是失望或沮丧，然后是破碎或崩溃。这些体验轻至短暂的自尊心丧失，重至强烈的背叛感和暴怒。当一对伴侣向治疗师寻求这种自体客体体验时，在移情中也会出现类似的张力。伴侣最终会在共同的自体客体体验中挣扎，并在这个过程中使用彼此来取得进一步发展。34岁的外科医生山姆（Sam）和36岁的护士科琳（Colleen）这对夫妇的治疗展现出了他们之间、他们各自和我之间，以及伴侣一体和我之间的自体客体移情及冲突性移情。他俩结婚5年，有两个年幼的孩子。他们之所以前来寻求我的治疗，是因为两人在这几年间经历了许多激烈的争吵，对此感到绝望。这是山姆的初婚，他的父亲是一名医生，他很依赖父亲的建议。当他之前的未婚妻患糖尿病后，山姆在父亲的建议之下结束了这段恋爱。科琳的第一段婚姻维持了十年，最后以离婚告终，她不想再经历一次离婚了。

我们每周见面一次，每次90分钟，治疗持续了3年。每次治疗的前半部分都是在激烈的争吵中度过的——他们互相叫嚷、咒骂、侮辱，治疗的后半段是对话。起初，我试图减少他们之间的"战斗"，他们的争吵让我感到很痛苦，也很害怕，我试图打断他们的争吵，想让他们理智一些、好好说话。但是每当轮到他们中的一位说话，就会像火山顶被风掀走了一样喷发起来、火光四射。当我能够控制自己的焦虑，相信他们也相信治疗过程时，我就能耐心地等待，很少开口，而是去了解他们所经历的伤害和恐惧。山姆在家人和朋友面前公开批评妻子，科琳感到既受伤又受辱，而山姆在看到科琳花钱时则感到害怕和脆弱。

我逐渐意识到，他们之间的争吵起到了三个功能：(1) 因为感觉和我在一起时是安全的，所以他们选择在这里释放一周在家里积累的紧张情绪。在家时，他们避免交谈，彼此疏远；(2) 这场战斗对他们来说是一次对体验的梳理，是一种绝望而痛苦的互动方式。我提供了一种涵容的自体客体功能，一个安全的环境，他们可以在这里战斗，然后重新联结；(3) 争吵还起到了沟通的作用。他们向我展示了迫切且强烈的被背叛感，以及深度的绝望。他们以为我会因为他们的争吵而批评他们，并试图阻止他们吵架。事实恰恰相反，我很理解他们的恐惧和绝望。这使他们感到惊讶，因为他们从来没有想到自己体验到的那些感受是恐惧或绝望。

我对他们恐惧和绝望感受的同调，为他们提供了一种自体客体体验。通过帮助他们识别和标记这些情绪，他们就可以开始整合这些感受，并不再感到那么脆弱。他们原本觉得婚姻已经没有了希望，最终的结局只能是分手——因为他们合不来，这一切都说明他们的关系是有缺陷的。现在他们可以谈论并克服这些绝望的感受，确认对彼此的承诺和关系。

治疗分3个阶段进行。在为期3个月的初期阶段，他们把我理想化，因为我帮助他们澄清了自己的感受，抑制了焦虑。山姆觉得科琳总是抱怨他不着家，这破坏了他的自由。当妻子说他自私、不成熟时，他觉得自己被贬低、被排斥了。当山姆在家人和朋友面前攻击科琳并把她击倒时，科琳感受到是羞辱和愤怒。

在这个阶段，我帮助他们理解自体-客体功能：

- 他们俩都在各自的脆弱感中挣扎，并希望对方为自己提供安全感。
- 他们俩都指望对方为自己提供自体客体的强化功能，希望对方不让自己失望。用对方的力量来弥补自己内在的缺失。
- 这些方面的失望让他们感到被背叛了，这伤害了他们的自体感。就像你原本指望着开车去参加一个很重要的会议，结果却发现车子根本发动不了一样。我还向他们指出，感到愤怒是感觉被背叛时正常的反应。

他们现在把我看作一个可以依靠的力量来源。虽然他们仍然不喜欢对方对待自己的方式，但不再感到那么脆弱——希望又回来了。这种有了新的希望的感觉，在治疗的中间阶段持续了2年。

"我们已经见你3个月了，但还在争吵，什么也没发生。"他们抱怨道。我提醒自己，他们终于在并肩作战了，在一起抱怨我，彼此之间终于不再争吵了。我与他们的感受产生了共鸣，简单的回应道："你们感到失望。"

我还不想分享看到他们在一起并肩作战时我的快乐，因为谈论这部分内容可能会让我忽略了他们的抱怨，而我想要认真对待。我告诉他们，我很感谢他们让我知道他们对我的失望，也邀请他们告诉我更多的期待和挫折感。

在他们说话的时候，我注意到他们变得紧张起来，也点出了这个现象。

探索他们的紧张感（这种紧张是如此自动化，以至于他们都没有意识到）带出了这个阶段正在出现的移情性恐惧，即他们担心自己的批评会伤害到我。他们体验到我在认真地对待他们的抱怨，也开始认真地对待彼此的抱怨，倾听和理解对方。我认可着他们的感受，这也就帮助他们学会了如何为彼此提供"认可"这一自体客体体验。新的素材和过往的记忆此刻自然地涌现着，治疗的过程正在发生变化。

山姆猛然意识到，每当他表示失望或沮丧时，母亲从来不把他的感受当回事。她从不认真对待山姆的抱怨，也不承认山姆的体验。山姆还意识到，他的父亲总是在公共场合批评和羞辱他，觉得这是理所当然的，父亲也不能为他提供"确认"的体验。山姆从来不觉得被人轻视和羞辱有什么不寻常，他认为这是所有关系中正常的部分，所以他从来也不理解为什么科琳被这样对待时会表现得那么"不可理喻"。

山姆早年的恋爱经历已经形成了一种自动化的、与人联结的方式。尽管他现在理解了妻子的反应，但他的行为仍在继续。科琳不喜欢丈夫的做法，也反馈给了丈夫，而且她现在也不再感到这是自己的错，是自己的责任了。过去当山姆批评她时，她总觉得这是自己的错，并且会基于这个认识做出反应。在她童年的经历中，父母总是会把彼此间的紧张关系归罪于她，而现在她感受到了我的理解和支持，她的内心更强大了，不再需要得到山姆的认可。婚姻的平衡发生了变化。

科琳不再觉得照顾山姆是她的责任了。她开始觉得也有权利照顾自己。她可以允许山姆体验焦虑不安的感受，不用再搜肠刮肚地想着怎么安慰他。山姆感到被妻子抛弃、不被爱了，因而变得更加焦虑，于是更加残忍地对待科琳。我把激烈的战斗诠释为崩溃的表现，山姆感到被抛弃了，变得惊慌失措。在我看来，他的猛烈抨击是一种绝望的尝试，试图用原有的、熟悉的方式来重新吸引科琳。面对这样的诠释，山姆想起了童年时的一段记忆，当时他没有按照母亲的期待做事，母亲变得不知所措，失去理智地对他大吼大叫。母亲滔滔不绝、长篇大论，而父亲不仅没有站出来支持他，还告诫他不要惹母亲生气。

山姆的母亲也会指责科琳，而科琳对山姆总是站在他母亲那边感到非常愤怒。现在山姆可以在这些事情上支持科琳了，科琳也第一次觉得婚姻有了希望。当山姆继续把我理想化，他开始更多地看到他父亲的局限性，觉得自己更强大，更有自信，对父亲的态度也变得坚决。

然而，山姆依旧在公共场合批评和羞辱他的妻子，而科琳依旧利用治疗来对质他。直到最后，山姆终于能够看到科琳的痛苦，并为自己的行为道歉。但他无法改变，十分无助。我们探索了山姆的脆弱和不安全感。

治疗的基调变了，我觉得山姆和我现在是在科琳面前做个体治疗。科琳静静地坐着，专心地看着我和山姆讨论他成长过程中的脆弱感受。她对山姆的不安全感有了新的认识，变得更加理解而更少批评。当她越来越支持山姆时，山姆意识到："科琳和我不一样。"当他焦虑时，他需要把科琳当作自己的孪生，他对他们之间的差异的反应就像他们被遗弃了一样。山姆感觉更强大了，他现在可以体验和谈论自己的失望和挫折，而不会自动将它们体验为背叛和拒绝。

随着他们的关系越来越稳定，山姆感到更安全了，他开始抱怨我，说我和他妻子联合起来对付他，强迫他改变。他觉得我期望他取得更大的进步，觉得我对他感到失望、看不起他。他确信当他离开我的办公室时，我认为他是一个"浑蛋"。当他抱怨我时，他会仔细观察我，看我是否有任何防御或恼怒的迹象。他担心我会像他的父母一样感到受伤。当我告诉他我很感谢他的反馈时，他感觉更强大、更自信了。现在，不论是在家里还是在单位，他都能和人相处得很好，他也可以在父母面前站稳自己的立场了。

他们来这里已经两年了，治疗进展得很好，但是他们开始对财务状况感到担忧。我想他们可能已经准备好自立了，也开始考虑结案。他们的反应相当激烈——痛苦的争吵、情感上的疏远和巨大的绝望。没有希望的感觉又回来了，在离开我的办公室时，山姆转过头来问我有没有因为导致夫妇离婚而被来访者起诉。他们感到被我抛弃了：我过早地威胁要在他们准备放弃我之前就让他们独立。他们仍然把我理想化，在我身上看到那些他们觉得自己缺乏的力量。我为这段关系提供了容器、整合和强化的自体客体功能。

我往后退一步，治疗关系又回到了正轨，治疗继续进行。山姆后来坦言，他觉得自己被困在了这种生活方式中，他想要改变，想要不再那么努力地工作，想要多花些时间和家人在一起。他希望能更加相信自己，不要再为未来担心太多，想要相信事情会顺利解决。渐渐地，他变得更加坚强和自信，能够放下对我的理想化。我们进入了结案阶段。

最后一个阶段持续了9个月，山姆梦见我在治疗中睡着了，等醒过来时惊讶地发现超时了25分钟。听着这个梦，我心想山姆是不是觉得他来治疗的时间已经够长了，待得够久了。在对这个梦的联想中，山姆说他有时看到我在治疗中打瞌睡，看到我也不过是个普通人，这让他感到高兴。他之前不再想像他父亲那样了，而是想要像我这样，而现在他也不想像我一样了，他想做回自己。当和科琳的关系变得紧张时，他不再回避，而是陪伴在她身边，理解她的感受，让她知道他在乎她。他还意识到自己让她失望了，能看到她的受伤，并且感到难受。他说："我觉得我更爱她了。"突然之间，他们开始有其他要紧事要做，变得很难遵守我们的治疗时间。他们逐渐减少频率，意识到自己有力量和勇气缓解关系的紧张，于是治疗终止了。

这个治疗说明了伴侣治疗与个体治疗的相似之处和不同之处。它显示了自体心理学：

- 共情-内省观察模式的应用，在伴侣之间来回切换工作对象并陪伴他们的体验的好处。
- 帮助伴侣双方都不再只以自己为中心，学会站在对方的角度看问题。
- 理解自体客体功能在伴侣互相之间、伴侣与治疗师之间，以及伴侣这一整体与治疗师之间的角色。

当我开始欣赏他们内心对彼此的忠诚和承诺时，我对他们的关系能否重建的怀疑也烟消云散了。

第十三章　梦的工作

> 梦并不是天启。如果说一个梦给做梦的人提供了一些启发，那么这些启发都不是那些紧闭双眼的人所能发现的，而是睁开双眼、足够清醒地把思想和念头联系到一起的人发现的。梦——一个被阴影包围、闪烁着莹莹微光的海市蜃楼——的本质是诗歌。
>
> ——米歇尔·雷瑞斯（Michel Leiris）

有一天，底特律的一位督导师马克斯·沃伦（Max Warren）对我说："我注意到你从来不对梦开展工作。"我回答说："我不知道要怎么做，有时候我会问病人他们对自己的梦有什么看法。""这是最没有帮助的方法，"他解释说，"你期待病人来完成原本属于你的工作，你需要学习解梦的艺术。"

经典模型

我的理论视角影响了我的方法。沃伦让我去阅读弗洛伊德1900年发表的《梦的解析》（Interpretation of Dream），他解释说："有两种梦，一种是显性的梦——病人记得的梦；另一种是梦中潜藏的想法，梦的背后所隐藏的思绪。"由此，我学会了经典的梦的解析模型。在这个模型中，显性的梦是一种伪装，除了指向隐藏的、潜在的梦中思维，没有任何用处。分析师的工作是将显性的梦拆开，并要求病人对梦中的各种元素做自由联想。每个元素都可能会导向某个不一样的潜在含义，而潜在含义代表的是被禁止的本能愿望，这些愿望被梦的工作（dream work）巧妙地掩盖了。梦的工作把被压抑的愿望伪装成普通和安全的东西（就像便衣警察）。一旦伪装起来，这些愿望就可以表达出来，而不会引起恐慌、打扰睡眠。

弗洛伊德（1900）描述了梦的4个过程，梦的工作如何将潜在的、潜意识的梦中想法转变为有意识的、显性的梦。这些过程是凝缩、置换、象征和二次修正。

凝缩

大量的凝缩发生在潜意识中，梦中的一个元素可能代表了许多不同的潜在含义。弗洛伊德（1900）描述了他的梦"植物学专著"。在这个梦里，弗洛伊德在看他写的关于植物的专著。在那篇专著中，他发现了保存在书页之间的一种植物标本。通过对梦进行分析，他发现这个元素涉及至少8种不同的潜在梦中思维：（1）弗洛伊德和妻子的关系，他希望自己能更多地给妻子送花；（2）弗洛伊德以前的一位病人L夫人，她的丈夫忘记了她的生日和生日花；（3）弗洛伊德对可可植物的研究，以及在眼科手术中可卡因的使用；（4）弗洛伊德与加特纳（Gärtner）教授的工作关系，教授名字的意思是"园丁"；（5）弗洛伊德在中学植物学考试中遇到过的一件麻烦事；（6）弗洛伊德喜欢吃洋蓟，那是他妻子给他买的；（7）有关弗洛伊德5岁时的一段记忆——他从父亲给他的一本书中撕下了一张图画；（8）弗洛伊德在17岁时买了很多书，超过了自己能够支付的数量，并因此在父亲那里受到了羞辱。

弗洛伊德的愿望之一就是扬名天下，向父亲证明自己。

这种潜意识用一个单一视觉图像来代表许多想法的能力，使得梦的工作得以实现巨大效率。

置换

梦中思维的一个重要部分可以被剥离出来，安置到另一个不那么重要的部分。

弗洛伊德描述了一个梦，梦里他的朋友R变成了他的"黄胡子叔叔"，弗洛伊德非常喜欢他。弗洛伊德在分析这个梦时说，他在这个梦里感受到的对R（和叔叔）的情感是从另一段关系里置换过来的，安置到这里是为了伪装梦中潜在的、对R的负面感受，弗洛伊德不愿意直面这个负面感受。

用看似无关紧要的人物来呈现重要的想法，是其中一个用来伪装潜意识的梦中思维的重要机制。

象征

弗洛伊德说，梦中的一些意象可能普遍代表了人类的共同经历，可以把梦中的显性内容直接翻译为潜在的梦中思维。

比如，梦中的国王和王后通常代表做梦者的父母；细长的物体可能代表阴茎；台阶、梯子或楼梯代表性交；风景代表生殖器。然而，弗洛伊德告诫我们，不要武断地使用象征来推定梦的意义，而我们应该结合技术一起使用："一方面依靠做梦者的自由联想，另一方面借助释梦者对象征符号的理解，来填补一些空白"。

二次修正

在睡眠和清醒之间的某个地方蕴藏着各种潜在的主题和梦中思维，它们被编织成一个连贯的故事,即显性的梦。心灵的主体填补上梦中思维的留白,构建出一个故事,也可能对这个故事有所贡献。比如,"这只是一个梦"的想法出现了。弗洛伊德说:"审查机制从来没有完全睡着,当审查机制感觉有一个梦在它失去觉察的时候被允许通过了",就会启用二次修正,用一个"可理解的经验"来取代"荒谬脱节的显现"。

经典模型处理梦境的方法与处理防御和阻抗的方式很相似。病人的动机是要隐藏被禁止的冲动,而这些冲动不断地施加着压力,想要得到释放。分析师是权威,他的工作就是要找出并向病人解释这些经过伪装的愿望。

自我心理学

随着自我心理学的发展,自我机制和结构变得与本能愿望和本我机制一样重要。现在,显性的梦也变得重要了。埃里克·埃里克森(Erik Erikson,1954)在他一篇关键的论文《精神分析的梦的标本》(*The Dream Specimen of Psychoanalysis*)中论证了显性梦的重要性:"在私底下,我们常常全部或部分地以显性梦为基础对梦进行诠释。在正式场合,我们每每在与梦的对质中急于打破它显现出来的表象,就好像显性的梦是一个一无是处的外壳一样,为了探索似乎是更有价值的内核而匆忙地抛弃了这个外壳。"

埃里克森发现,梦的显性内容的组织反映了病人的人格组织,显性的梦有一种"表现风格,反映了个体自我的特殊时空,它是所有自我防御、妥协和成就的参考框架"。埃里克森还说:"一个显性梦的结构……在每一个层面上都反映了做梦者整体状况的重要趋势"。

从对显性梦结构的仔细关注中,病人和分析师都可以学到很多东西。如果一个病人有一个听起来很有强迫性的显性梦,这个病人很可能也有强迫性人格。通过更认真地对待显性梦,我发现当病人感到支离破碎、混乱不堪时,他们的显性梦也会显得很混乱。当这些病人感觉更整合时，他们的显性梦也变得更有条理。

自体心理学

科胡特（Kohut，1977）对自体状态梦（self state dream）的概念，是一种"用言语化的梦的意象来处理创伤状态"的梦，这进一步扩展了显性梦的价值。科胡特说，做梦者试图"使用可命名的视觉表象来掩盖住可怕的、不可命名的内在过程，用这样的方式来应对心理上的危机"。

科胡特和沃尔夫（Kohut & Wolf，1978）举了一个例子，一个感到负担沉重的病人可能会做这样一个梦："他生活在有毒的环境中，或者他被一群危险的大黄蜂包围"。显性的梦不仅是为了防止睡眠中断而进行的伪装，它还起到了一种整合的功能。梦使得认知策略得以接触内部焦虑感，从而可以处理焦虑。换句话说，如果你能描述焦虑的感觉，或说出恐惧的感觉，你就已经开始了掌控它们的过程。

福沙吉（Fosshage，1983）通过研究做梦状态（dreaming mentation）增加了我们对显性梦的理解。在经典模型中，梦是初级过程的表达，是儿童和原始文化中常见的一种思维形式。这与次级过程思维形成了对比，次级过程思维是一种更成熟、更象征性的思维形式。

福沙吉并没有把这两种心理状态看得谁更原始或谁更成熟，而是提出了一种修正，即梦和醒两种心理状态同时存在。这两种过程都既可以是原始的，也可以是成熟的："内隐是一种基于进化和发展理论的基本原则，即所有的精神活动，无论是醒着还是做梦的状态，在根本上都在向着更高、更复杂的组织层次进化或移动"。

福沙吉（Fosshage，1983）定义了两种心理状态：

（做梦状态或初级过程）使用带有强烈情感色彩的视觉和其他感官意象，以服务于整体的整合和合成功能。另一方面，次级过程是一种概念性的、逻辑性的方式，它利用语言符号服务于一种整合的、综合的功能。这些过程可以被描述为不同但互补的理解、回应及组织外部和内部世界的模式。关于大脑的研究已经确定了两半球功能的不对称性，或许可以支持这种结构上的分裂。

换句话说，因人而异，我们有两种处理思维的方式：视觉上通过意象的使用，象征上通过语言的使用。比如，我发现自己很难用意象画面来表达自己，可能是我太"左脑"了。我买了一本与比喻有关的书来帮助自己，但仍然觉得很难——就像用斧头刮胡子一样难（这是书中的一个比喻）。我羡慕那些说话自然而然充满意象的朋友。

史托楼罗和阿特伍德（Stolorow & Atwood，1982）运用精神分析现象学的原理，扩展了我们对潜意识的理解，并提出了一些对梦的解释技术的改变。在经典理论中，潜意识是由压抑（一种防御活动）来维持的。史托楼罗和阿特伍德提出了另一种形式的潜意识，即前反思的潜意识（prereflective unconscious）："这种形式的潜意识不是防御活动的产物，它源于人无法认识到自己生活和活动的个人现实是如何由其主体性结构构成的。"这一观点表明，早期经验或者呈现出意义，或者被结构化成属于前反思潜意识的组织原则，描绘它们的一种方式是通过显性梦中的意象。

借由这些理念，史托楼罗（Stolorow，1978）提出了一种解梦技术。病人对梦中离散的元素进行联想，史托楼罗从显性梦中抽象出不同的主题，并邀请病人对这些主题进行联想。

关于梦的功能，史托楼罗和阿特伍德（Stolorow & Atwood，1982）认为，人类心理的一个核心动机原则是人需要维持对经验的组织。在梦中，具体体验到的符号化的知觉图像为个体提供了一种安心的结构。史托楼罗和阿特伍德与科胡特的不同之处在于，他们认为自体状态梦的功能"不是命名无名的心理过程"，而是"将自体状态带入只有感官知觉才具有的、对确信感和现实感的焦点意识（focal awareness）"。换句话说，如果你觉得自己支离破碎，并能在梦中直观地再现这种体验，你就会觉得自己被重新整合了。

解梦的工作有了拓展和发展，但并没有取代更传统的模式。不过我现在有了更多选择：我既可以专注于显性梦，也可以以传统的方式对梦展开工作，请病人对梦中各种不同的元素进行联想。我的选择将取决于直觉，如果我的直觉认为显性梦里有些信息可探索，我会信任自己的直觉并进一步深入调查。但如果一个梦让人感到模糊、无法沟通，我就会假设防御正在运作，并使用更传统的方法。

技　　术

当对梦进行工作时，我会先从前序事件、情感和我对梦的情绪反应开始。弗洛伊德（1900）说过："在每一个梦里都有可能找到与前一天的体验进行接触的地方。"在许多情况下，解梦最简单的开启方式，就是"看一看前一天发生了些什么而启动了这样一个梦"。在这一天中发生的一些事情与潜意识的组织活动产生了共振，并以梦的形式反映出来。个体组织经验的方式会把当下、移情和过去联系起来。

我并不只是从字面上来理解弗洛伊德的话，认为梦只能由前一天发生的事情促成，而是也经常发现从当下出发展开工作非常有效。当听到一个梦，我可能会问病人："梦是什么时候做的？"接着问问"那一天发生了些什么事，可能导致了你做这个梦？"通常一些看似无关紧要的事件会触发梦境。进一步思索这件事会揭示出一些病人忽略、没有得到足够重视的情绪。有些时候，"那件看似无关紧要的事件"可能正是前一次的治疗。

当我探寻过梦境的前序事件之后，就会看看梦中有什么情绪、情感。情感是病人内在体验的可靠指标。弗洛伊德（1900）曾经说过，情感在梦境中会相对不加掩饰地出现："……概念性的材料经历了置换，而情感则保持不变。"他进一步指出："情感是受影响最小的成分，它能给我们一个指南针，让我们知道如何在留白处填空。"

有一位病人报告说，他做了一个梦，因为梦里没有人把他当回事而感到受伤。当他对梦的联想没有任何进展时，我感到了他对移情的阻抗，于是问他是不是觉得我没有把他当回事。一开始，他说他觉得我很认真地对待他，但也突然想起了我在上次治疗中说的话——那句话让他觉得自己被轻视了，他开始觉察到与我对质引发的焦虑。他担心自己的抱怨会伤害我，使我离开他。为了保护自己，他把受伤的感觉掩埋起来，只在梦中重新浮出水面。在这个例子中，前一节治疗是梦的前序事件，而潜藏的情感在显性梦中得到直接表达。

最后，我试着感受自己对梦的反应。当我对梦的某些部分产生与病人有关的共鸣时，我就会从那里开始检视。虽然我会问一些关于前序事件和感受的问题，也会请病人对梦中的各种元素进行联想，但我尽量不问宽泛的问题，比如"你对这个梦怎么看？"，病人在听到这种问题的时候，往往会理解为我认为他应该明白梦的意思。

分析关系的变化可能会反映在梦中。比如，一位病人选择我做他分析师的一个原因，是他认为我比其他分析师更热情、更平易近人。他很失望地发现，我就像一个"经典分析师"一样冷淡、疏远。我把焦点集中在他的失望和愤怒上，收效颇丰，但他继续抱怨说他感觉不到与我的联结。虽然围绕着我的"冷淡"对他产生的影响，我们讨论出了很多有价值的材料，但他仍然感到苦恼。

我和詹姆斯·福沙吉讨论了这个案例，他说："他感觉和你不太亲近。当你坐在座椅上和他对话的时候，试着把身体前倾一点。"我对这个建议感到困惑，思索着这算不算是一种操纵，但我认为如果这是操纵，一定会让人觉得不自然，而我在与他交谈时身体往他的方向靠近一点的感觉是自然而舒适的。我试了一下，没有看到有什么不同，病人也没有说什么。

两天后，他报告了一个梦："我和很多人住在公寓里，我们坐在一张长桌旁吃晚饭。人们坐在我的两边，我感到温暖和联结。"虽然这个梦的几个显性元素指向好几个潜意识的元素，如"公寓"和"吃"，但是从那以后，我再也没有听到他抱怨我的冷淡和疏远。几个月后，他说很感谢与我在一起的时候体验到的温暖和联结——一些躺在躺椅上的病人得不到视觉上的接触，需要更多帮助来感受联结。无论在我身体上靠近他的过程中发生了什么，这个显性梦清楚地体现了他体验上的变化，也反映了我们关系的变化，而这种变化在那时还没有以语言的形式表达出来。

移　　情

经典模型总是假设分析师就在梦中，至少具有这样的潜在性。在梦的解析的修正模型中，福沙吉和洛（Fosshage & Loew, 1987）写道："只有当分析师真的出现在梦中时，才能把分析师视为存在于梦中。"梦代表着移情关系的组织方式（Stolorow & Lachmann, 1984—1985），病人组织关系体验的方式都将反映在显性梦中，包括对反移情的感知。罗森鲍姆（Rosenbaum, 1965）发现，精神分析师不经掩饰地出现在梦中可能代表了病人对某些反移情感受的感知。

我在第十章中描述过的一位病人就体现了后者的例子，她在痛苦的离婚后因为抑郁症而找到我。她感到无助、被各种情绪淹没,我发现自己在努力尝试帮助她。然后她报告了这个梦:"我来到你的治疗室,门开着。我往里一看,你正坐在椅子上,抱着腿上的一个婴儿。"

这个梦让我想起了罗森鲍姆的论文,我想知道她是不是认为我把她当婴儿看待了,她说是的。虽然她感觉很糟,但并不像我担心的那样无助。我的反移情是过度保护她,这让她很焦虑。她需要我理解她的痛苦,而不是修复它,她需要我相信她的力量和能力。显性梦把她在意识层面还没有觉察到的感觉组织成一个意象,通过这些意象,我接收到了来自她的表达。

心 理 意 象

因为梦中的意象栩栩如生,梦往往具有一种特殊的吸引力。我发现,那些无法通过语言表达自己感受的人,可能更容易通过画面的形式来表达。在安吉尔——那个试图自杀的年轻女孩——的案例中,当我们的联结断裂后,我感到沮丧、痛苦。我咨询了洛杉矶的精神分析师大卫·梅尔茨(David Meltzer),他在意象引导方面很有经验,他建议我用意象来表达我与她之间的联结断开的感觉,并建议我这样说:

> 联结就像一条小溪在我们之间流动。在相处一段时间后,小溪顺利流淌,我们之间就有了良好的联结。每次你离开之后都会发生一些事情,小溪渐渐干涸成沙,我们的联结也断开了。我怀疑最近几个月里,你与家人和朋友之间的距离感也越来越大,当你试图自杀的时候,小溪里一眼望去肯定到处都是干涸的沙子,或者甚至就像刮起了沙尘暴一般。

当我对她说了这番话后,她开始活跃起来,在椅子上坐直了身子,直盯盯地看着我,说道:"沙尘暴,对,我还没有这样想过。"我们重新建立了联结。谈论联结的断开并没有带给她任何印象,但流水和干沙的意象却为她留下了深刻的印象。无论是出现在想象中还是梦境中,心理意象都给病人带来一种确信感。意象思维是诗人、艺术家和做梦者的语言,也是分析师需要熟练运用的语言。

第十四章 督导

> 从长远来看,用勺子喂食除了能教给我们勺子的形状如何,什么也教不了。
>
> ——E.M.福斯特(E.M.Forster)

为 学 而 教

教授精神分析是我成长中的重要一步。当成为一名精神科住院医师后,我开始督导实习医生;当成为精神分析候选人后,我开始督导精神科住院医师;当成功毕业,成为一名精神分析师后,我开始指导分析师候选人。教授精神分析是我诸多很棒的学习经历之一,写这本书是另一个。

成长过程中各个阶段的理论取向决定了我的督导风格和理念。当处于科学模式时,我通过教导规则进行督导,不鼓励治疗师使用自己的直觉。我认为对学生来说,学习"正确的"方法很重要。渐渐地,我意识到许多病人接受着最为笨拙的治疗技术,他们的状况在变好;而有些病人接受的治疗看起来采用的是最正确的技术,他们的状况却很糟糕。事情比我想象的要复杂。

在那些年中，我参加过两个督导研讨会，督导分析师展示了他们的督导和分析经验。一个研讨会在传统的精神分析研究所举办，另一个在位于洛杉矶的当代精神分析研究所（Institute of Contemporary Psychoanalysis，ICP）举办，后者对不同观点持开放态度。在第一个研究所，受训分析师对呈报案例的分析师采用的技术都各持己见，并且每个人都以友好但挑剔的方式提出了自己的看法。比如，如果精神分析师使用了"错误的"技术，而病人却好转了，那么这会被认为是一种"移情性好转"，而不是精神分析。讨论的焦点是哪个督导的真理更"真"。不到一年，出席人数就减少了，研讨会也停办了。

在当代精神分析研究所的研讨会上，每个受训分析师对呈报案例的分析师所使用的技术也有不同的想法，但讨论的基调不一样。这些分析师不同意别人所使用的方法，也会基于病人的进展进行评估。第一所研究院采用的态度是传统而专制的——有所谓正确的方法和错误的方法之分。而当代精神分析研究所的立场是，如果病人和分析师合作得很好，就意味着分析师做对了。挑战在于理解分析师所做的工作如何为病人带来帮助，并从这样的经验中进行学习。现在，即使参加了这么多年，这个研讨会我也是从不缺席的。

为 教 而 学

督导们面临的一个挑战是，如何给学生们提出能够增强信心、鼓励直觉的建议。在1979年于洛杉矶举办的自体心理学大会上，科胡特描述了他督导一名"天生的治疗师"的学生。科胡特说，他的督导意见仅限于解释为什么治疗师的干预行之有效。在督导了一年之后，这位学生告诉科胡特，他从他身上学到的东西比从其他任何一位导师身上都要多。科胡特为学生提供的是一种自体客体的确认功能，从而协助学生获得了成长。

我从科胡特的方法中得到了一些启示，发现当我能够指出学生做得对的地方，并克制自己想要立即指出他们做错的地方的倾向时，大量教学工作就已经完成了。当我能够理解学生们看似奇特的技术是如何起到治疗效果的，我也从学生们身上学到了很多。

当一个受督治疗师的个案进展不顺时，我会试着评估学生的焦虑或盲点，回顾诊断评估、治疗联盟和目标。病人可能有一些特殊需要，学生也可能有一些特殊需要。学生可能需要得到一些帮助，来理解如何与病人建立联结。如果学生的焦虑持续不断，我就会问问他有没有感受到来自我的压力——往往是学生们被我或许会批评他们的预期压得动弹不得。

如果有一个原本进展顺利的个案忽然间陷入了僵局，我能看出来分析师已经开始给他的病人施加压力了，而病人在这样的压力下停止了对分析师的回应。我很清楚分析师能做些什么让自己回到正轨，但我给的建议都不管用。我发现自己对分析师很恼火，我们的督导关系也陷入了僵局。

当我问那位分析师有没有感受到来自我的压力时，他承认了，说出这些之后，他显然松了口气。他觉得我不信任他，也不欣赏他的能力，觉得我在试图把他变成我的复制品。我对他的坦诚表示赞赏，并且让自己往后退一点，于是分析师与病人的工作势头又恢复了。当分析师感受到了我对他的信任，他也开始信任自己的病人，治疗过程也随之恢复了。

在另一个例子中，分析师显然是按照我的建议说了所有正确的话，但病人的情况却变得更糟了。我开始感到无助和沮丧，怀疑自己，觉得自己身为督导师毫无价值。

我问分析师，他面对我时有没有感到紧张或挫败，他立即说对我收取的费用感到不满。他的病人支付的治疗费很低，他觉得我向他收取全额督导费是不公平的。在这之前，我没有理解他的不满，他也没有理解病人对他的不满。当感受到我对他的理解，他也承认自己是付得起我的督导费的，也承认他不需要向病人收更多钱。这一次的经历很有价值，因为他学到了很多，又能够理解病人了，病人也取得了很好的进步。当督导师和分析师的联盟恢复后，治疗联盟也就恢复了。

当一个案例进展顺利时，我会试着先看看学生的哪些做法是有益的，然后给出确认或认可的评论。因为我过去接受督导的方式并非如此，所以要做到这一点并不容易。每当学生回应病人的方式与我不同时，我往往等不及学生发问，就会有告诉他们我会怎么做的冲动。但我耐受住了这份冲动，继续听学生的诠释以及病人对此的反应，试着去理解和解释为什么这样的做法是有益的干预。学生们总是对这些解释感到惊讶，因为他们以为有用的部分，总是和他们实际上在做的不一样。

学生需要时间来学会信任自己，我想鼓励他们更加耐心。我的解释对学生有帮助，因为它们提供了一种结构化的体验。比如，一位受督者告诉我，她的病人反复地向她详细汇报自己与女友的互动。当治疗师说："听起来好像你在女朋友那里很是受挫。"病人立即停止了报告，开始谈起他对自己这些感受的洞见。我告诉治疗师，她的评论很有帮助。我解释说，病人来时觉得自己的生活杂乱无章、缺少联结，他向治疗师仔细却重复地报告生活中的细节，就是对治疗师的一种使用方式，以此整理自己。治疗师的回应让他感到被理解了，感到与治疗师重新建立了联结，得到了梳理。"哦，"她说，"我没有意识到他当时的感受是混乱、失去了联结。"她很高兴，感到自己的工作卓有成效。

过去我常常担心如果不提点治疗师技术上的错误，就是工作上的疏忽。后来我意识到，如果我有充分的耐心，那么学生们就会感到安全，带来更多他们与病人互动的例子，并征求我的意见。这就给了我充足的机会提出看法。比如，如果一个学生问我对某种诠释的看法，我可能会说："这种诠释是准确的，但它只关注到了内容层面，也可以关注一下情感层面。"

有位病人在第一年分析快结束时问道："你认为分析还需要多久？"分析师心里嘀咕着："我们之前已经经历过这种情况了；我当时说过很可能需要花

4年时间。"但口头上回答道："是什么让你现在问起了这个问题？""我丈夫想知道。"她说，并进一步解释，如果他们能搬家，丈夫的收入状况会有所改善，所以丈夫想知道妻子正在接受的精神分析还会"捆绑"他们多久。

病人在亲密关系方面存在问题，她的一种防御方式就是谈论搬家。分析师认为病人是在借着谈论丈夫对搬家的感受，避免直接谈自己的体验。"我丈夫说他不觉得我病得那么严重。"她补充道，暗示接受精神分析是一个人有缺陷的表现，是一件羞耻的事。分析师问她，把焦点放在丈夫的感受上面，是不是就可以掩盖她对做出承诺的恐惧，其中也包括对分析的承诺。

分析师问我对他的这番诠释怎么看。我说这个诠释是准确的，病人的反应是正面的，他们做了一段很棒的分析工作。接着我也指出分析师注意到了病人所说的内容，也注意到了她在怎样保护自己。如果是我，或许还可以去留意一下她的情感——她感到羞耻、觉得自己是有缺陷的。

我进一步解释，深入检视并理解病人的羞耻感，可以让她更深入地理解自己对于在一段关系中做出承诺的恐惧。比如，她担心别人对她的看法，预期如果表现不好，别人就会拒绝她。我推测这可能是因为如果她更靠近一个人——无论这个人是她的丈夫还是分析师——她就会感受到更多的脆弱被暴露出来。如果她对自体的体验是有缺陷的、不足的，那么保持距离就可以保护她免受暴露带来的羞耻和羞辱感。

这位分析师想起病人曾经告诉他，在她小的时候，她必须表现得"好"才能维持父母对她的兴趣。不幸的是，她的父母后来对她不再感兴趣了，她认为这是她的缺陷导致的。分析师的思路现在变得更加清晰明了，他说："这非常有用，我现在明白自己需要做什么了，也更清楚该怎么做了。"他对自己感到满意，认为到目前为止自己都做得很好。他觉得学到了一些新东西，可以令自己的工作方式更加丰富。

平 行 过 程

分析关系的亲密性使得病人和分析师可以进行一些非常精细微妙的沟通,在这之中有许多沟通是在潜意识层面完成的。在倾听临床素材时,无论是直接来自病人的素材,还是间接通过受督者听到的素材,都会在听者心中唤起一些画面和感受,这就是倾听者的反移情反应。反移情在一定程度上是由倾听者的潜意识信念或组织原则决定的,如果与病人潜意识的组织原则产生共鸣,就会发生强有力的沟通。

在一个案例中,分析师对病人过度保护,总是给病人建议和安慰。我想让分析师停止这样做,也想让她知道她的工作方式支持性很强、分析性不足。但我等待着,克制着自己,继续倾听。我能听到她的病人正在好转,我向她指出这一点,她很高兴。

然后我问她是否担心这位病人。"我喜欢他,"她说,"我不想让他受到伤害。"我看到一幅有关脆弱的画面。作为一名督导,我感到脆弱——我的学生或许会做得不好,这就会反映出我的不足;学生也感到脆弱——她的病人或许会受到伤害,而这会成为她的失败。也许我们俩感受到的脆弱都是对病人某种脆弱感受的反应。

"你觉得他感到脆弱吗?"我问她。"是的,"她说,"他害怕失败。"尽管这位病人取得了许多成就,但他仍然感到自己很不足、很无能。分析师现在把他的脆弱感视为值得探索的,所以不再安慰病人,而是开始深入调查。随后的分析浮现了一个主题,病人认为他的母亲是无助和脆弱的,他感到有压力要照顾母亲、安慰母亲。

我的第一反应是想要告诉学生该做什么,对她不够信任——就像她会告诉病人该做什么一样。当我控制住自己的焦虑并信任她,她也就能够信任她的病人了。结果，病人感觉更强大了，分析过程也深入了。我和分析师都明白，病人是在认同他无助的母亲，而她和我都认同了他感到的压力——想要疗愈母亲，不想觉得自己是个失败者。我们每个人都有类似的、不变的组织原则。分析师和我都通过使用反移情感受来加深我们对分析材料的理解。当我能够克制自己不去"修好"分析师时，她也能够克制自己不去"修好"病人。于是相应的，这位病人最终也能够克制自己不去"修好"他的母亲和妻子。

当督导的反应是中性的或者与分析师的反应相反时，就会发生令人气馁的脱节。一位分析师向我报告说，他的病人坚持认为："我想要更好的治疗，我受够了被人摆布，我开始意识到过去父亲对我有多粗暴了。"病人犹豫了一下，继续说："也许这都是我自找的，也许我喜欢被人摆布，也许这就是我需要的。"分析师诠释道，受人摆布是他维持联结的方式。他故意使自己受到虐待，避免承受独自一人的孤独。

我说这个诠释很准确，但我怀疑它与病人的体验相距甚远。我想知道病人会不会觉得这种诠释是对他的批评。我也解释说，当病人开始抱怨他的父亲时，我注意到一些情感上的变化。这位病人说他想要更好的治疗，并开始谈论他父亲对他的虐待，接着好像又突然开始贬低起了自己。"也许这都是我自找的。"他是这样说的。我想，是在抱怨父亲的过程中发生了一些什么让他焦虑了吗？在那个时候，贬低自己是不是会带给他一些安全感？

"我不认为他是在贬低自己，"这位分析师说，"我认为他很有洞见。"现在我和精神分析师意见相左。我同意病人的评论很有见地，但我也感到那句"也许这都是我自找的"是一种羞辱或贬低。

如果分析师能够有同样的理解，我或许会建议他说一些类似于"那时的你当然会那样做，这是你为了保证联结必须付出的代价。如果你坚持自己的主张，最终就会孤身一人、倍感孤独。"但分析师并不认为那句话中有任何贬低含义，他认为人就是这样的，必须勇于直面并承担起责任——这是他不变的组织原则之一，我怀疑这也是他的体验师对待他的方式。但我的工作是给出意见，然后转到一些我们可以找到关联的领域。

分析师感觉得到了支持，终于能够看到另一种视角下的观点，他对病人情感上的微妙变化也更加敏感。最后，他学会了把焦点集中在这些变化上，辨别引起这些情感变化的因素，并揭示它们的潜在含义。找到分析师和我能够达成一致、形成联结的地方，正是教学发生之处。

创伤的影响

在一次督导中，一位分析师对我大吼：

"我讨厌这个病人。"

"我再也受不了了。"

"我已经准备好让她结束分析了。"

他对我大喊大叫，好像这都是我的错。我感到内疚，因为我是他的督导，觉得自己对他的痛苦负有责任。

关系中行为模式的重复是平行过程的一部分。我的责任感和分析师对病人的责任感是一致的，而分析师对病人的责任感和病人对母亲的责任感是一致的。我不知道这位分析师和他母亲的关系如何，但我记得当我母亲犯错时，她会哭着说："看看你对我做了什么！"我感到自己有责任让她好起来。

因为遭受虐待的早期经历是被编码在内隐记忆中的，所以仅凭语言无法企及，只能通过行为或关系中的互动来触及。病人与分析师建立关系的方式会像他们的父母与他们建立关系的方式一样，随着时间推移，分析师也会感到被虐待——在督导中，督导会感到被虐待。

被我的受督者认为很爱挑衅的那位病人已经和他进行了4年分析了，受督者是一位精神分析师候选人，他在开始接受我的督导前在一位更为传统取向的分析师的督导下工作了两年。

他的病人是一名35岁的研究生，在进入研究生院之前曾是一名成功的商业女性。她之所以前来接受分析，是因为被困在了一段虐待性的关系中，博士论文的进程也遇到了阻碍。分析的初始阶段进行得很顺利，病人定期来分析师这里，躺在沙发上进行自由联想。

经过两年的分析，这位曾经在早年遭到过家人猥亵的病人开始取消预约。在治疗过程中，她开始坐起来，直面并批评分析师。那位传统取向的督导建议分析师诠释病人对潜意识攻击性的阻抗，他也照做了，但是情况并没有什么变化。最后，更传统取向的督导让分析师放弃，认为病人太"见诸行动"了。病人不躺下，不做自由联想，错过了太多预约，并没有在做分析。

督导让受督者再找一个其他案例，还暗示候选人这样的案例毕业时是不会拿到学分的。

候选人非常关心这位女士，并不想放弃她。虽然他喜欢这位督导，但他认为我会有不一样的视角，可能会对他有所帮助。事实上，从我的角度来看，分析正在正确的轨道上进行着。我解释说，这位女士小时候曾被她信任的亲人虐待和猥亵。她学会了顺从，接受别人对她提出的要求，不抱怨、不反抗，以此来求得生存，其代价是她自己的发展、自尊、主体性、个体性都受到了阻碍。

她在分析中的任务就是恢复自体的发展，追赶上自己。我说，她在小时候被剥夺了做一个"可怕的两岁小孩"的机会，后来又被剥夺了做一个叛逆的青少年的机会。现在，她和分析师在一起时感到很安全，可以利用他们的关系来发展自己的自主性。她在分析中从顺从变得不顺从，这样的变化并不是见诸行动，而是健康的自体自主性的开始。

分析师放松下来，更换了督导，把病人看作一个正常的、叛逆的青少年，这样的视角让他觉得很有道理的。他看到了自己做得很好，病人虽然在抱怨，但也正在取得进展。他认真倾听她的抱怨，但不再把这些话当成是针对他个人的。他不再感到内疚，可以自由地表达自己的需要，他会对错过的治疗进行收费，不再觉得这样的做法很自私或者像是对病人的惩罚。

病人在她的外部生活中取得了长足进展，她完成了博士论文，获得了博士学位，还从一段虐待性的关系中解脱出来，找到了一个温暖、支持和爱她的男人。

又经过两年多的分析，在取得了很多进步之后，分析师开始思考病人有没有准备好结束分析。也是在这个时候，病人对他的批评加剧了，她又开始错过治疗。分析师会坐在诊疗室等她，他抱怨道："她好歹可以给我打个电话说一声吧，这样我就可以在这段时间里做些别的事情了。"由于这是一位受训中的分析师，病人也不富裕，支付的治疗费很低，分析师感到自己不被赏识、被虐待。

我认为病人是在用一种非语言的、行为的方式交流她小时候被虐待的经历，但这位分析师感到受伤和愤怒。我的诠释并没有让他感觉好一点，就是在那个时候，他觉得自己再也无法忍受了，走进我的办公室对我吼了起来。我的第一反应是内疚，还发现自己想要责备他。

"如此强烈的反移情。"我心想。

"也许他需要接受更多的个人体验。"我怀疑。

我看到他在受苦，感到很羞愧，就好像我是个失败的督导。病人触碰到了分析师的脆弱，现在分析师也触碰到了我的脆弱。这些是在内隐记忆中编码的早期经验，正在以行为的方式表达出来，也是在早期成长中习得的、意识觉察之外的与人建立关系的方式。

当受督者对我大吼大叫时，他让自己处在了一个很容易受到我批评的、脆弱的位置上。如果我按照最初的想法行事，提出他需要接受更多个人体验，他就会像在第一任督导那里曾经经历过的那样，感受到我带给他的羞辱和创伤。

我忍住了为他的痛苦负责的倾向；等待着，试着去思考他给我带来的压力。接着我想到，他和我在一起时一定觉得很安全，才会对我那样大喊大叫。他一定也感到了压力，我对他说："她给了你很大压力，那是因为她觉得和你在一起很安全。你的工作做得很好。"

分析师放松下来，我们讨论了他手上的几个选项。我建议他自我暴露一番——如果她能打电话说清楚她什么时候不来，他会更轻松一些。分析师要强调病人不来治疗并没有错，她有权利满足自己的需要，但他想让她知道他也有需要。如果他能知道她不过来进行分析，就能用那段时间做些其他事了。

他这样做了，病人的反应是为自己没有考虑到他而道歉。

"你一直都对我很有耐心，"她说，"我想让你知道我是多么地感谢你。"

这不是一种顺从或屈服的语气，而是带着活力、真诚和深情。当分析师可以坦率地说出自己的需要，而不是去责备病人或告诉病人那是阻抗，病人就获得了一种新的关系体验。在过去，当她信任的叔叔性猥亵她时，她感到被侵犯和背叛，她为这种被侵犯和背叛的感觉羞耻。如果她试图照顾自己，就会剥夺她叔叔的"快乐"，他可能会很受伤，而她会内疚、觉得自己要为此负责——这就是她小时候习得的关系。现在她学到的是，一个人可以照顾自己，可以坚持自己的需要，并且在这个过程中没必要责怪或羞辱别人。

分析继续进行了6个月。病人有时来分析，有时不来。有时她会打个电话让分析师知道她今天不来了，有时不打电话。但如果她没有打电话，事后就会为此道歉。她正在学习如何在不放弃自己个体性的情况下也对别人的感受敏感。她在学习如何在一段关系中既能保持联结，同时还能保持自己的个体性。最后，她成功地结束了这段分析。

在治疗遭受过早期创伤的病人时，治疗师总会发现自己体验到了与病人的经历类似的微妙压力。治疗师和督导可能会突然发现自己感觉不受赏识，或是觉得自己做得不够好、感到羞愧羞耻，并且出现联结的中断。当治疗师和督导师能够以一种新的方式来回应联结的中断，能够意识到他们正在体验的是一种交流，而不再把这些压力当成是针对他们个人的，就能够在更深层次上更多地理解病人早期经历的体验，并修复这个中断的联结、恢复治疗联盟、重启分析过程。但如果治疗师或督导师以熟悉的方式回应这个中断，比如责备、羞耻和羞辱，那么联结的中断就可能会导致僵局和断裂。我不愿意去想象，如果当时这位分析师听从了第一位督导师的意见停止了分析，那么这个病人会遭受怎样的创伤。

把我们从老师那里、从经验当中学到的东西与他人分享，有助于我们梳理和整合知识。教得越多，学得就越多。我曾经很想知道，为什么我的导师伯纳德·布兰德沙夫特（Bernard Brandchaft）愿意定期从洛杉矶来到圣地亚哥参加我们的自体心理学研讨会——原因当然不会是我们付给他的那笔微不足道的费用。现在我意识到，那时的他正在发展自己的治疗理念，他在使用我们来推动他的创造性过程。

第十五章　风险和回报

> 我们希望从中得到什么——真的只是为了让一只戴着手套的手在金色的马车上向你挥手吗?
>
> ——约翰·奥斯本(John Osborne)

精神分析帮助我学习,我写这本书也是为了帮助学习。这两者都是艰苦的工作,但回报是丰厚的,我想在最后一章回顾和总结这些挑战和益处。

精神分析是少数几个可以让我们不断提高自身技能并面对新挑战的职业之一。精神分析的职业危害包括孤立感、对诉讼的恐惧、处理绝望的困难,以及陷入"无人能赢"情况下的挫败感。

孤 立 感

精神分析关系是一种职业关系,而不是社会关系。我们以一种节制的方式与病人进行一对一的工作。当离开工作室时,出于职业伦理,我们不能与朋友和家人谈论自己的工作。为了应对这种孤立感,我们必须依靠同道。职业协会、同辈督导团体和学习团体为我们提供了安全的出口,让我们可以公开讨论并掌握体验到的挫折和恐惧。然而，若一个病人是知名人士时，我们就必须去不熟悉他的人群那里寻求支持，就像拉尔夫·格林森（Ralph Greenson）在治疗一个出名但困难的病人时所做的那样。

试图独立处理病人带来的压力是不现实的，但是也要避免接触那些总是自视什么都懂，并不断告诉你该做什么的督导。那些能够提供有用建议，同时能够支持你的努力，鼓励你坚持与病人在一起的同道和督导是最值得珍惜的。

对诉讼的恐惧

害怕病人自杀会给精神分析师带来巨大压力，而对诉讼的恐惧则会使精神分析师的治疗功能"瘫痪"。越来越多的分析师在践行好的治疗和保护自己之间如履薄冰。

异常困难的病例通常会给治疗师带来压力、考验着治疗师的耐受能力。感到这种压力的治疗师可能会从局外人那里获得一些帮助。在我有幸督导的一个案例中，治疗师对诉讼的恐惧引发了反移情反应，导致了治疗的混乱和僵局。直到我以督导的身份介入，承担起对病人的共同责任，治疗师才感到了自由，可以重新和病人建立治疗联盟。

琳达（Linda）在20岁时接受了一位新注册治疗师的治疗，这位治疗师最初并没有意识到琳达的困扰程度。琳达小时候曾遭受过性和情感上的虐待，她很容易陷入重度抑郁，并有自杀倾向。她曾经试图用药物和酒精来帮助自己，还尝试过割伤或灼烧自己及滥用泻药——试图以此遏制人格解体和解离发作。她曾在青少年时期经历过几次非自愿的住院治疗，这些都没有帮助。

治疗的第一阶段持续了3年，在这个阶段，琳达很难表达，治疗工作的大部分时间都在沉默中度过。在治疗师的帮助下，她逐渐有了安全感，开始谈论自己的内在世界。痛苦回忆的出现使她害怕，把它们说出来则让她获得了一种掌控感。然而有些时候，内心的混乱让琳达难以承受，有一次她服用了过量的药物，但拒绝住院治疗。治疗师咨询了我，我们决定不让琳达违背自己的意愿去住院，督导也从那个时候开始了。

治疗的中期阶段持续了8年，治疗师花了很多时间同调琳达，并帮助她发展出一些可以用来描述感受的词汇。我帮助治疗师进一步理解病人的体验和支离破碎的沟通。"这就像是在破译象形文字。"治疗师说。

我的任务还包括给予这位治疗师支持和支撑，琳达的绝望引发了治疗师的挣扎。治疗师发现，过早尝试引入希望或提出建议都是灾难性的。琳达觉得不被重视，变得混乱失序。她需要体验和控制童年遭受虐待时所感受的压倒性的恐惧、绝望和无望——为了保护自己免于和母亲发生冲突，这些感觉在当时都被隐藏起来了。她需要治疗师理解她的绝望，而不是像她的母亲那样给她压力，她需要顺从治疗师的期望来让自己感觉好一些。

琳达遭受着长期的精神痛苦——来自内心的剧痛和混乱——但各种治疗方法都没有帮助，包括药物。琳达不想死，但她需要有人承认如果痛苦变得难以忍受，自杀是一条出路。治疗师的任务是理解并涵容琳达的绝望和无望，并明白琳达能继续生活且在治疗中和治疗师保持联结的唯一方法，就是把自杀作为一条逃离通道。

分析工作进行了8年之后，一场危机发生了。虽然琳达在每一次进步后都会遭遇一些后退，但是她在进步，并且能够谈论自己的体验和感受。然而，在圣诞节回家看望父母之后，她的病情神秘地恶化了。她突然表现出更强烈的自杀姿态，在治疗结束时不愿离开治疗室，还不停地给治疗师打电话。

随着病人病情的恶化，治疗师开始感到责任重大，并且发现很难维持设置界限。治疗会超时，电话也很难挂断，治疗师在努力地抱持着病人的崩溃，她发现自己在这个过程中过度劳累了。她不知道如何平衡病人的需要和自己的合理需要。在督导过程中，我说琳达曾经克服过挫折，我们一定要相信她这次也能克服。我不知道琳达能不能挺过去，但从我的角度来看，我知道与琳达保持联结是治疗师能提供的唯一帮助。

治疗师的恐惧在我心中激发了一个潜意识的组织原则，我感到有压力要去解决她的焦虑。为了保护自己，我淡化了她的担心，没有意识到她正在对自己和我失去信心。结果，她向其他人咨询这一情况，其中一位同事批评她与一个如此困难的人进行治疗的决定；另一位医生说她在冒法律风险，如果她的病人自杀成功，她可能要承担责任；还有人建议她把琳达转介给另一位治疗师。

治疗师不想抛弃她的病人，但又觉得自己在孤身奋战、非常脆弱。她让我去见琳达，计划把治疗时间从每周三次减少到每周两次，然后让琳达每周见我一次。如果琳达自杀了，我也要负责。我同意了。

在成功的分析工作中，病人先前发展中受到挫折的努力将被唤醒，病人、分析师和督导者的潜意识组织原则及创造关系的自动模式都将被启动。琳达的需要和要求激发了治疗师的信念，这个信念来自她的童年——她要去照顾别人。一旦治疗师辨认出了这个过程，她就能坚定自己让琳达来见我的决定，尽管琳达强烈抗议，表示自己被抛弃了。

咨　　询

我告诉琳达和治疗师，我的工作是帮助他们恢复关系，在前七个月里，我每周见琳达一次，从第七个月开始到第十个月，我每月见琳达一次。整个工作过程呈现出三个主题。

第一个主题是对治疗师的一系列抱怨。琳达不想见我，她是被迫来的——治疗师把见我作为继续和她治疗的条件。"现在我还得照顾治疗师，"琳达哭着抱怨道，"我要照顾的人已经够多了，现在还要加上她！""我很抱歉她耗竭了,"琳达哀叹道,"那我呢?"

第二个主题是一系列考验。在琳达抱怨时,我试着去理解她的视角。"你当然会觉得受到了不公平的对待,"我说,"你得开很远的车来见我,支付超过你承受范围的钱,只是为了照顾你的治疗师。"琳达觉得终于有人理解自己了,哭了起来,然后毫无预兆地从座椅上跳起来跑了出去。在下一次咨询中,她因为害怕被我批评而为上一次的突然离开道歉,还贬低自己。我告诉她,那样的行为是有道理的,被理解的感觉让她觉得离我更近了,也更容易受到我的伤害——逃离是她保护自己的方式。

在接下来的那次咨询中,琳达带着她的狗来了,它是一条法国贵宾犬,琳达说它讨厌男人。令我们吃惊的是,这只狗跳到我的腿上,且大部分时间都依偎在我的胳膊上。琳达随后透露了她对狗深深的依恋,以及她们关系的重要性。她担心狗的厌食情况,向我描述我她是如何让狗吃东西的。在随后的咨询中,她有时带狗来,有时不带,但我总是期待她的来访。在我们停止见面的那个圣诞节,我收到了一张可爱的圣诞卡,上面有她俩的照片。

第三个主题是逐渐分享更多早期虐待和性骚扰的记忆。对琳达来说,抱怨她的治疗师并被认真对待是一种新的体验。她告诉我,对小时候的她来说,想要向母亲抱怨是不可能的。琳达在小时候被叔叔强奸了,当她告诉母亲这件事时,母亲把她责骂了一通。"你真邪恶,"她妈妈说,"上帝让你来到这个世上,就是为了让你成为别人的功课"。她试图向父亲寻求支持,这也激怒了她的母亲——"你会让他的心脏病发作的。"我注意到她母亲很难把她当作一个独立的人看待,她说:"在我们家,你只是他们的财产,任凭他们使用。"

琳达对治疗师的抱怨减少了,开始觉得自己应该从家人那里得到更好的对待,也谈到了母亲给她造成的伤害。谈论这些痛苦的感受往往能够帮助她更加整合,但有时她不堪重负,会在治疗结束后割伤自己。她告诉我她很绝望,但从不向我寻求安慰,我也从不给她安慰。当她告诉我她的绝望时,我觉得在那一刻我们是最靠近彼此的。

一年后，琳达告诉了治疗师她在圣诞节回家后经历的创伤，她告诉了母亲自己被强奸的事，这引发了危机——现在我们可以理解为什么她当时病情恶化了。琳达相信，如果她告诉治疗师自己在回父母家时发生了什么，治疗师会和她的母亲一样背叛她，不相信她被强奸了。由于这种无解的束缚，她感到断裂和混乱，她"升级"了自我毁灭的行为，绝望地尝试着涵容自己。

在我们的最后一次咨询中，她告诉我她的保险福利到期了，想把她的狗给我作为补偿。她不想来见我，但又觉得自己必须来见我，因为这是她和治疗师的约定。我想知道这一约定会不会让她感到被羞辱，她说确实如此："我当时就不该同意。"她说完就怒气冲冲地离开了。

治疗师希望我像她那样允许病人延迟付款，但我没有这么做，这让治疗师很失望。现在她必须决定是把琳达转介到别处去，还是在我不直接参与的情况下继续工作。但治疗师也觉得自己现在可以做出决定了，不再感觉被困住，同意继续和琳达进行治疗。然而，她保留了改变主意的权利，如果她再次感到被困住和不知所措，就会做出其他选择。这与琳达的体验平行，琳达继续进行治疗的条件也是保留自己的逃生舱——自杀。

琳达的情感力量、独立性和自信心在继续发展。后来我发现，既见治疗师又见我让琳达感觉受到了保护，就好像她有父母双亲，一个"抱持"着她，另一个与她解决关系中的紧张——这是一种新的关系体验。我承担起对琳达的共同责任，帮助治疗师延展了她的忍耐力，涵容了她对诉讼的恐惧，并解决了严重的治疗僵局。

诉讼的威胁像毒云一样笼罩在我们的头顶。当很难预测谁会起诉我们时，最好的保护措施是仔细记录咨询过程，并定期与同侪和督导磋商。

绝　　望

治疗绝望感对所有分析师来说都是一个艰难挑战,因为与病人的绝望感保持联结意味着治疗师会感受到自己的绝望。治疗师担心如果理解病人的绝望感,会鼓励他们的自杀,但是病人并不会因为绝望而自杀,而会因为感到自己在独自一人承受着绝望而自杀。只要病人体验到自己的绝望感被另一个人理解了,并且与另一个人建立起了联结,他们就会活下去。

我是从一个抑郁的年轻律师那里学到的这一点。经过两个月的分析,他在工作上有了很大改善,但在生活中仍然感到独自一人、孤立无援。他的抑郁加深了,我的每一个诠释都让他更加绝望,我也开始绝望,变得更加"用力"。我指出了他职业生涯的进步,但他却变得更糟了,他决定退出治疗。在最后一次治疗中,就在他准备离开时,他转过身看着我,用一种悲伤的声音问:"如果你是我,你会怎么做?"

我吃了一惊,想了一会儿,意识到自己的无望感和绝望感。我说:"我意识到我没有理解你孤独与绝望的深度,也没有理解你无法从痛苦中解脱,如果我是你,我会非常渴望获得解脱。我会想要自杀的。"他放松了下来,声音中再一次有了温度,说:"现在你理解了。"我们的治疗联盟恢复了,分析持续进展,最后取得了成功。

"无人能赢"的体验

治疗是一种微妙的平衡。当病人体验到我们的理解时,他们会坦露更多的痛苦体验,并期待得到在婴儿期没有得到的完美理解。但没有治疗师能做到完美理解,失望是不可避免的。病人通常会将这些失望体验为扰动,可能会害怕受到伤害、被背叛，他们向治疗师呈现着一种两难的境地。如果治疗师为此内疚，并努力去更多地理解病人，那么病人可能会体验到某种诱惑，像是被承诺"对完美理解的渴望将会得到满足"。然而，如果治疗师没有更加努力，病人可能会感到被治疗师抛弃和拒绝，并相信治疗师不再关心自己了。

有时无论我们采取哪种策略，病人都会感到绝望，预期他们的抱怨会把我们赶走或带来批评。如果我们为此内疚并更加努力，他们就会焦虑，担心自己是不是伤害了我们。如果我们保持冷静，他们会觉得被抛弃了，并抱怨我们的"不在乎"。不经意之间，我们最终和他们一起经历了早期的一次创伤或拒绝，不过这一次可能会出现不一样的结果。

机　　会

这些在治疗中体验到的联结中断的痛苦并不是我们故意造成的，但当它们发生时，也就为新的关系体验提供了机会。其中之一是病人获得了被治疗师认真对待的体验，我们尝试从病人的视角出发去理解自己是如何让他们感到受伤的，我们认真地对待他们的抱怨，而不是自我防御或责备他们。这会有助于疗愈这一次断裂，并为病人提供一种新的关系体验。

和琳达的治疗师的督导关系发生断裂时，我看到了这一点。当治疗师表达她对我没有为琳达做更多的事而失望时，我很认真地对待她说的话，既没有为我的"失败"辩护，也没有批评她"期望太多"。我们的联结恢复了，她变得更加自信，也更能够理解琳达对她的批评——她们的联结也恢复了。当琳达的治疗师在面对琳达的抱怨时变得更加坚强和自信，琳达也变得更加坚强，能够更好地在与同事和上司的关系中维护自己。她的自信和自我价值感发展的障碍被清除了。

很难想象无法忍受的绝望和难以承受的痛苦可以成为治疗的机会，但是如果你想一想，一个词汇量有限的小孩被强奸了，他会用什么样的语言来描述这种经历呢？照顾者必须非常努力地帮助孩子处理——谈论并掌控——痛苦、愤怒、无助、恐惧和羞辱。如果照顾者不能倾听孩子，更有甚者贬低或批评孩子，那么孩子就不得不学习去否认或隔离这种感觉。

这些孩子在成年后前来接受心理治疗，当他们在治疗师这里体验到了安全和联结后，就会使用治疗师来帮助自己处理早期的痛苦和恐惧。现在的绝望和无望可能是一扇通往过去的窗口，反映的是曾经在无法向成年人寻求帮助和保护的情况下反复遭受性骚扰时的感受。治疗师要如何与一个词汇量很少的小孩的体验进行同调或保持联结呢？

如果我们试图谈论愤怒或暴怒，可能我们使用的术语并不匹配那个孩子的体验，我们的病人或许会感到更疏远和孤独。如果我们允许自己去感受自身的羞耻和失败，和自己的绝望、无望待在一起，谈论自己的感受，我们可能就可以帮助病人发展出表达这些感受的词汇。

受虐待的儿童遭受到两种创伤：虐待和孤立。当孩子试图和父母谈起虐待时，父母（或长辈、照顾者）反而远离、疏远孩子，孩子就被剥夺了处理痛苦和恐惧的机会。孩子于是学会否认自己体验到的痛苦，以这样的方式来维系至关重要的关系。

当我陷入一种"无人能赢"的情况时，我可能就会思考我的体验会不会在某些方面与病人早期的体验相似，或者反映出了他们的体验。也许我的病人觉得她无法赢得母亲的欢心。母亲可能感到不安，向女儿寻求安慰，如果女儿试图"修好"她的母亲，而母亲仍然不开心，女儿就会觉得自己是个失败者；如果她让母亲自己照顾自己，人们就会指责她不懂得关心人、自私。孩子感到绝望，但又不知道要用什么样的语言来表达这种感受。通过分享我的感受，并询问病人有没有对我的感受产生共鸣，病人就可以自由地回答"有"或者"没有"。

当两个人——父母和孩子或病人和治疗师——培养出了一种亲密的关系，他们就可以用一种非语言的方式沟通内在的感受和状态，斯特恩等人（Stern et al, 1998）称之为"内隐的关系了知（implicit relational knowing）"——母亲和孩子之间就是这样沟通的。当和病人在一起时，我仔细觉察着自己内心的感觉和状态，这可以为了解病人的内心感觉和状态提供线索，虽然我不会自动假设我的感觉就代表了病人的感觉，但我把自己的反应当作一些讨论的指南针。

成　　果

人们问我为什么要费心治疗这么困难的病人，并指出这个过程缓慢、充满暴风骤雨，而且风险很高。对于像琳达这样的病人，治疗可能会获得成功，但病人仍然可能会选择自杀，因为她曾经经历过的损伤太严重了。我的答案是，我的发展与病人的发展是同步进行的，我还从来没有经历过病人获得了重大的变化或成长而我自己却没有一些类似变化或成长的情况。工作从来不会枯燥乏味或一成不变。洛杉矶精神分析师鲁道夫·埃克斯坦（Rudolph Ekstein）曾说过，我们就像住在埃特纳火山脚下的土著，每隔20年左右，火山就会爆发并摧毁整个村庄。曾经有人问他们为什么一直住在原处，而不是去几千米外更安全的地方重建村庄，他们回答说："因为在这片土地上，我们能种出最优质的葡萄。"

参 考 文 献

Aron, L. (1996). *A Meeting of Minds: Mutuality in Psychoanalysis*. Hillsdale, NJ: The Analytic Press.

Atwood, E. & Stolorow, R. (1979). *Faces in a Cloud: Intersubjectivity in Personality Theory*. Northvale, NJ: Jason Aronson.

Bacal, H. A. & Herzog, B. (2003). Specificity theory and optimal responsiveness: An outline. *Psychoanalytic Psychology* 20:635–48.

Benjamin, J. (2006). Crash: What we do when we cannot touch: Commentary on paper by Meira Likierman. *Psychoanalytic Dialogues*, 16:377–86.

Brandchaft, B. (1983). The negativism of the negative therapeutic reaction and the psychology of the self. In *The Future of Psychoanalysis: Essays in honor of Heinz Kohut*, ed. A. Goldberg, pp. 327–59, New York: International Universities Press.

——.(1993). To free the spirit from its cell. *In Progress in Self Psychology*, Vol. 9, ed. A. Goldberg, pp. 209–30, New York: The Guilford Press.

Brenner, C. (1959). The masochistic character: Genesis and treatment. *Journal of the American Psychoanalytic Association* 7:197–226.

Bromberg, P. M. (1996) Standing in the spaces. *Contemporary Psychoanalysis*. 32: 509–35.

Bush, M. (1989). The role of unconscious guilt in psychopathology and psychotherapy. *Bulletin of the Menninger Clinic* 53: 97–107.

Curtis, J. T., Silberschatz, G., Sampson, H., Weiss, J., & Rosenberg, S. E. (1988). Developing reliable psychodynamic case formulations: An illustration of the plan diagnosis method. *Psychotherapy* 27:513–21.

Davies, J. M. (1994). Love in the afternoon: A relational reconsideration of desire and dread in the countertransference. *Psychoanalytic Dialogues* 4:153–70.

Eagle, M. (1993). Enactments, transference, and symptomatic—a case history. *Psychoanalytic*

Dialogues 3: 93-110.
Ericson, E. H. (1954). The dream specimen of psychoanalysis. *Journal of the American Psychoanalytic Association* 2: 5-56.
Fosshage, J. L. (1983). The psychological function of dreams: A revised psychoanalytic perspective. *Psychoanalysis and Contemporary Thought* 6: 641-69.
——.(1994). Toward reconceptualising transference: Theoretical and clinical considerations. *The International Journal of Psycho-Analysis* 75: 265-80.
Fosshage, J. L. & Loew, C. A. (eds.) (1987). *Dream Interpretation: A Comparative Study, Revised Edition*. New York: PMA.
Freud, S. (1900). The interpretation of dreams. *Standard Edition* 4-5:1-626.
——.(1905). Fragment of an analysis of a case of hysteria. *Standard Edition* 7:1-63.
——.(1910). 'Wild' psycho-analysis. *Standard Edition* 11: 219-27.
——.(1912). Recommendations to physicians practicing psychoanalysis. *Standard Edition* 12:109-20.
——.(1913). On beginning the treatment. *Standard Edition* 12:121-44.
——.(1919). 'A child is being beaten' A contribution to the study of the origin of
sexual perversions. *Standard Edition* 17:175-204.
——.(1923). The ego and the id. *Standard Edition* 19:1-66.
——.(1926). Inhibitions, symptoms and anxiety. *Standard Edition* 20: 75-175.
Gassner, S., Sampson, H., Weiss, J. & Brumer, S. (1982). The emergence of wardedoff contents. *Psychoanalysis and Contemporary Thought* 5: 55—75.
Gill, M. (1984). Psychoanalysis and psychotherapy: A revision. *International Review of Psychoanalysis* 11:161-80.
Goldberg, A. & Marcus, D. (1985). Natural termination: Some comments on ending analysis without setting a date. *Psychoanalytic Quarterly* 54: 46-65.
Hamilton, V. (1991). Patterns of transference interpretation: An empirical study. *The British Psycho-Analytical Society Bulletin* 27:1-14.
Hoffman, I. Z. (1994). Dialectical thinking and therapeutic action in the psychoanalytic process. *The Psychoanalytic Quarterly* 63:187-218.
Kohut, H. (1959). Introspection, empathy, and psychoanalysis: An examination of the relationship between mode of observation and theory. *Journal of the American Psychoanalytic Association* 7: 459-83.
——.(1971). *The Analysis of the Self*. New York: International Universities Press.
——.(1977). *The Restoration of the Self*. New York: International Universities Press.
——.(1982). Introspection, empathy, and the semi-circle of mental health. *The International Journal of Psycho-Analysis* 63: 395-408.

——.(1984). *How Does Analysis Cure?* Chicago: University of Chicago Press.

Kohut, H. & Wolf, E. S. (1978). The disorders of the self and their treatment: An outline. *International Journal of Psycho-Analysis* 59:413–25.

Lachmann, F. M. (1986). Interpretation of psychic conflict and adversarial relationships: A self-psychological perspective. *Psychoanalytic Psychology* 3:341–55.

Lachmann, F. M. & Beebe, B. A. (1996). Three principles of salience in the organization of the patient-analyst interaction. *Psychoanalytic Psychology* 13:1–22.

Lichtenberg, J. (1989). *Psychoanalysis and Motivation.* Hillsdale, NJ: The Analytic Press.

Lichtenberg, J. D., Lachmann, F. M., & Fosshage, J. L. (1992). *Self and Motivational Systems: Toward a Theory of Psychoanalytic Technique.* Hillsdale, NJ: The Analytic Press.

Lindon, J. A. (1991). Does technique require theory? *Bulletin of the Menninger Clinic* 55:1–21.

Mahler, M. S., Pine, F., & Bergman, A. (1975). *The Psychological Birth of the Human Infant.* New York: Basic Books.

Malin, N. (1990). Returning to psychotherapy with the same therapist: A self psychological perspective. *Clinical Social Work Journal* 18:115—29.

Meissner, W. W. (1992). The concept of the therapeutic alliance. *Journal of the American Psychoanalytic Association* 40:1,059–87.

——.(2006). Time on my hands: The dilemma of the chronically late patient. *Psychoanalytic Psychology* 23: 619–43.

Mitchell, S. A. (1991). Contemporary perspectives on self: Toward an integration. *Psychoanalytic Dialogues* 1:121–47.

Moore, B. E. & Fine, B. D. (1968). *A Glossary of Psychoanalytic Terms and Concepts.* New York: The American Psychoanalytic Association.

Ornstein, P. H. & Ornstein, A. (1985). Clinical understanding and explaining: The empathic vantage point. In *Progress in Self Psychology,* Vol. 1, ed. A. Goldberg, pp. 43–61, New York: The Guilford Press.

Pally, R. (1997). Memory: Brain systems that link past, present and future. *The International Journal of Psychoanalysis* 78:1,223–34.

Random House Unabridged Dictionary, Second Edition (1983). New York: Random House.

Rangell, L. (1954). Reporter—Panel Report: Psychoanalysis and dynamic psychotherapy—similarities and differences. *Journal of the American Psychoanalytic Association* 2:152–66.

Renik, O. (1996). The perils of neutrality. *The Psychoamlytic Quarterly* 65: 495–517.

Rosenbaum, M. (1965). Dreams in which the analyst appears undisguised—A clinical and statistical study. *The International Journal of Psycho-Analysis* 46: 429–37.

Sandler, J. (1983). Reflections on some relations between psychoanalytic concepts and psychoanalytic practice. *The International Journal of Psycho-Analysis* 64:35-45.

Schafer, R. (1974). Talking to patients in psychotherapy. *Bulletin of the Menninger Clinic* 38: 503-15.

Schwaber, E. (1981). Empathy: A mode of analytic listening. *Psychoamlytic Inquiry* 1: 357-92.

——.(1983). Construction, reconstruction, and the mode of clinical attunement. In *The Future of Psychoanalysis,* ed. A. Goldberg, pp. 273-91, New York: International Universities Press.

Shapiro, S. (1989). The provocative masochistic patient—An intersubjective approach to treatment. *Bulletin of the Menninger Clinic* 53: 319-30.

——.(1991). Affect integration in psychoanalysis: A clinical approach to self destructive behavior. *Bulletin of the Menninger Clinic* 55: 363-74.

Silverman, L. H. (1989). Commentary on a new view of unconscious guilt. *Bulletin of the Menninger Clinic* 53:135-42.

Socarides, D. D. & Stolorow, R. (1984/85). Affects and selfobjects. *The Annual of Psychoanalysis* 12-13:105-19. Madison: International Universities Press.

Stern, D. N. (1985). *The Interpersonal World of the Infant.* New York: Basic Books.

——.(2004). *The Present Moment in Psychotherapy and Everyday Life.* New York: W. W. Norton.

Stern, D. N., Sander, L. W., Nahum, J. P., Harrison, A. M., Lyons-Ruth, K., Morgan, A. C., Bruschweilerstern, N. & Tronick, E. Z. (1998). Non-interpretive mechanisms in psychoanalytic therapy: The 'something more' than interpretation. *The International Journal of Psychoanalysis* 79:903-21.

Stolorow, R. (1975). The narcissistic function of masochism (and sadism). *International Journal of Psycho-Analysis* 56: 441-48.

——.(1978). Themes in dreams. *International Journal of Psycho-Analysis* 59:473-75.

——.(1992). Subjectivity and self psychology: A personal odyssey. In *Progress in Self Psychology,* Vol. 8, ed. A. Goldberg, pp. 241-50, New York: The Guilford Press.

Stolorow, R. & Atwood, G. (1982). Psychoanalytic phenomenology of the dream. *The Annual of Psychoanalysis* 10: 205-20.

Stolorow, R., Atwood, G. & Ross, J. (1978). The representational world in psychoanalytic therapy. *International Review of Psycho-Analysis* 5: 247-56.

Stolorow, R., Brandchaft, B. & Atwood, G. (1987). *Psychoanalytic Treatment: An Intersubjective Approach.* Hillsdale, NJ: The Analytic Press.

Stolorow, R. & Lachmann, F. (1980). *Psychoanalysis of Developmental Arrests: Theory and Treatment.* New York: International Universities Press.

——.(1984-1985). Transference: The future of an illusion. *The Annual of Psychoanalysis,* 12-

13:19-38. New York: International Universities Press.

Trop,]. & Stolorow, R. (1991). A developmental perspective on analytic empathy. *Journal of the American Academy of Psychoanalysis* 19: 31-46.

Weiss, J. (1993). *How Psychotherapy Works: Process and Technique.* New York: Guilford Press.

Weiss, J., Sampson, H. & the Mount Zion Psychotherapy Research Group. (1986). *The Psychoanalytic Process: Theory, Clinical Observations and Empirical Research.* New York: Guilford Press.

Winnicott, D.W. (1960). The theory of the parent-infant relationship. In *The Maturational Processes and the Facilitating Environment,* pp. 37-55, New York: International Universities Press, 1965.

Wolf, E. (1988). *Treating the Self.* New York: The Guilford.

Zinsser, W. (1988). *Writing to Learn.* New York: Harper & Row.